Pour Réussir
ce que
tout Homme
doit savoir

S. LINDER

Pour Réussir
ce que
tout Homme
doit savoir

ÉDITIONS NILSSON
73, BOULEVARD SAINT-MICHEL, 73
PARIS

CHAPITRE PREMIER

Le Principe de toute réussite

Il est une vérité que les philosophes de tous les temps ont aimé à redire :

Sans le Principe, moteur de tout acte, rien ne saurait être ni commencé ni conclu.

Leibniz le désigne sous le nom de « raison suffisante ».

Aristote le définit par les mots de puissance, d'acte et de privation.

Kant le trouve dans les causalités.

Le principe est, en effet, la genèse de toute organisation.

Lorsqu'il personnifie une activité matérielle on le nomme substance.

S'il désigne la qualité pure, l'effet moral, il adopte le nom d'essence.

La substance représente tantôt l'élément matériel fourni par le principe, tantôt la proposition fondamentale, servant de base à une conception ou à une connaissance.

L'Essence est la partie la plus pure de la substance.

La substance est encore la nature particulière, permettant de distinguer les objets et la variété des phénomènes.

On établira, par exemple, une différence, subtile il

est vrai, mais très marquée cependant, entre la substance d'un livre et son essence.

La substance d'un ouvrage est le sujet qu'il traite, les matières qu'il développe, les éléments matériels qu'il évoque.

L'essence est la pensée ou la morale qui s'en dégage.

On ne saurait mieux comparer la substance et l'essence qu'à un parfum dont la substance consiste dans les fleurs dont il est composé, tandis que son essence flotte insaisissable et pourtant tangible pour l'odorat.

Elle l'est encore pour le cerveau, car avec la perception de l'odeur surgit le rappel mental des plantes qui la composent.

Que de fois un parfum respiré en passant n'a-t-il pas été la cause des ressouvenirs dont cet arome amenait la représentation !

Nous avons dit qu'Aristote divisait le principe en trois grandes catégories :

La puissance d'abord, qui est incontestable, puisqu'elle est la force qui produit le principe et celle qui permettra de le développer.

L'acte ensuite, qui est le moyen de donner un corps à ce principe et de lui faire revêtir les aspects successifs par lesquels il devra se manifester avant d'adopter sa forme définitive.

La privation enfin, c'est-à-dire l'abstention.

Ce dernier point dans son néant apparent est souvent le plus important et le plus difficile à observer.

On dira peut-être : Mais il est très facile de ne rien faire et il n'est pas besoin de tant discourir pour nous le prouver.

C'est l'erreur commune à tous les esprits légers.

L'abstention raisonnée est toujours moins aisée à réaliser que l'action.

Elle demande des qualités de réflexion, une habitude de pensée et une force de résistance que peuvent seuls posséder ceux qui s'y sont exercés avec une application véritable.

Pour réussir, il est donc nécessaire d'admettre d'abord un principe créateur d'une résolution, laquelle engendre une myriade d'actes.

Chacun de ces actes, et chacune des pensées qui les ont provoqués, tendent à la production d'un résultat final que l'on considère comme l'achèvement, ou si on le préfère, la réussite.

L'homme qui réussit en tout, celui qui n'admet pas les efforts inutiles, qui n'entreprend une chose qu'avec l'idée d'ajouter à sa fortune ou à son renom est celui qui agit d'après une ligne de conduite, dont nous allons essayer de reproduire toutes les phases :

Une fois admis, le principe devra être considéré dans sa substance et dans son essence, ainsi que nous venons de l'exprimer.

C'est-à-dire qu'après l'avoir examiné sous ses deux faces, on étudiera celles-ci au point de vue de l'achèvement qu'il est permis d'en attendre.

La voie qui relie le principe au succès pourrait se jalonner ainsi :

Éclosion du principe, rudiment de toute idée ;

Contemplation de cette idée ;

Résolutions ;

Activité ;

Achèvement.

L'éclosion du principe est consécutive à la pensée qui en est l'objet.

C'est en quelque sorte la formation de cette pensée, dont la propriété sera d'attirer à elle les pensées du même ordre.

Or nous savons que, dans l'empire mental, les vibrations de même sorte produisent des ordres qui viennent frapper le cerveau, sous forme de sollicitations convergeant toutes vers le même but qui est la création de l'idée.

Le plus gros lingot d'or est formé de parcelles de ce métal, que les soins et le travail des hommes ont réunies, après une épuration préalable.

Ce sont des multitudes de ces parties infinitésimales qui, recueillies avec soin et débarrassées du sable et des impuretés qui les entouraient, ont formé par leur agglomération ce pesant bloc, représentant des sommes de joies et de possibilités.

Pourtant des poussières d'or toutes pareilles roulent inaperçues dans le lit des rivières ou reposent inutiles dans les profondeurs de la terre.

Elles ne prendront de valeur que pour ceux qui sauront les en extraire d'abord et les dépouiller ensuite des scories qui les dissimulent aux regards du vulgaire, avant de les fondre en un tout précieux.

Pour celui qui voudrait en user sans les avoir épurées, elles ne représenteraient qu'un encombrant bagage, dont le mérite serait seulement apprécié de l'acheteur, décidé à traiter ces parcelles de la façon dont elles doivent l'être, c'est-à-dire à les séparer des matériaux négligeables qui les enveloppent.

Il en est de même de l'idée.

Elle se présente d'abord sous la forme du principe, dont la substance détermine la formation d'une foule de pensées ; une parcelle de chacune seulement contient la matière de l'idée, représentant la partie qui est digne d'être conservée.

Il s'agit de l'extraire soigneusement et de la séparer des pensées parasites dont l'inutilité touffue la dérobe à la connaissance des gens superficiels.

Ce n'est qu'après une longue série d'opérations mentales qu'il pourra être donné de la réunir à d'autres pensées de même substance, afin d'en former le lingot précieux de l'idée.

Mais il est très rare que le manieur d'or s'en tienne à la confection du lingot ; dès qu'il l'a formé il pense à la destination qu'il lui donnera.

A vrai dire ce projet est toujours éclos dès le moment où il a commencé les recherches.

Pour les uns cet or brut représente un échange contre des pièces de monnaies de même métal, dont l'emploi fait l'objet de souhaits longuement caressés.

Pour l'orfèvre qui le tient en mains il figure toute une série de colliers, de boucles et de bijoux précieusement ciselés, dont la vente viendra remplir agréablement ses coffres.

Cependant, pour l'un comme pour l'autre, il ne peut réaliser leurs vœux que dans la mesure du possible.

Suivant sa qualité et sa dimension, il est des projets

qui seront licites et d'autres interdits par le raisonnement le plus simple.

Celui qui veut réussir doit s'inspirer de cet exemple en contemplant d'une façon intelligente et minutieuse, l'idée qu'il veut lentement conduire à la matérialisation.

Pour parvenir heureusement à ce but, le meilleur moyen est de tendre sa volonté en la projetant vers l'idée, sujet de la contemplation.

Il est absolument nécessaire de maintenir, pendant ce temps, ses pensées dans les bornes strictes de l'idée unique, en évitant ainsi l'enchaînement, qui par une succession de pensées, dont la dernière se rattache toujours par un certain point à la précédente, entraînent la plupart du temps très loin du sujet dont on désirerait se préoccuper uniquement.

Si, ainsi examinée sous toutes ses faces, l'idée semble appartenir au domaine des choses réalisables, il est temps alors d'entrer dans la phase des résolutions.

Le doute, sous quelque forme qu'il se présente, doit être banni par celui qui veut réussir.

Il se peut que l'idée acceptée après un minutieux examen présente, à côté d'avantages évidents, quelques inconvénients indéniables.

Mais ceci ne doit pas arrêter l'homme résolu à réussir.

Avant de se décider, il a dû peser les chances de succès et les possibilités d'échec et s'il s'est décidé à tenter l'entreprise c'est qu'il croit les unes moins nombreuses que les premières.

Il n'y a donc pour lui aucun motif de douter, mais une raison sérieuse de prendre des résolutions, dont les effets devront enrayer la marche des chances contraires.

Il fera alors appel aux pensées énergiques, génératrices des résolutions fortes et provoquera la fréquente survenue de ces pensées qui, en déterminant les lois de la persuasion, agissent sur la volonté qu'elles galvanisent et régentent de la façon la plus favorable.

Cependant il serait dangereux de prolonger trop longtemps cette contemplation, car on devra craindre de produire la formation d'un cercle mental qui, en se resserrant, ne tarderait pas à devenir de l'obsession.

C'est pourquoi il est bon, après s'être absorbé dans la contemplation de l'idée et avoir pris les résolutions qu'elle a inspirées, de transporter ses pensées vers une préoccupation toute différente.

On se livrera aux exercices corporels, on fera de longues promenades et si l'idée revient quand même, dans les moments où elle n'est pas conviée, on la chassera par le moyen de la lecture ou de toute autre distraction, provoquant la naissance de pensées complètement étrangères.

Ce qu'il faut craindre surtout, c'est de n'avoir pas la force d'échapper au pouvoir de l'idée, car, transportée et confondue avec celles que les nécessités quotidiennes amènent indubitablement, elle finirait par se présenter moins nette et on ne pourrait l'examiner sans risquer de le faire avec partialité.

Cette observation, du reste, est bien connue de tous ceux qui se livrent à un travail de création : l'artiste qui peint un tableau, le musicien composant une symphonie n'échappent à la partialité du jugement qu'en délaissant provisoirement leur œuvre pour s'attacher à une autre complètement différente.

Ils évitent ainsi la saturation de l'idée, et la brume de l'entendement qu'elle amène toujours.

Après quelques jours le peintre se met brusquement en face de son tableau, le musicien écoute de nouveau les harmonies qu'il a conçues et tous deux, s'ils sont sincères vis-à-vis d'eux-mêmes, découvriront aussitôt des faiblesses de composition, que la fièvre de la création ne leur permettait pas d'apercevoir d'emblée.

Celui qui cultive une idée ressentira les mêmes effets d'un détournement momentané et volontaire de la pensée tyrannique.

Lorsque de nouveau il concentrera son attention sur l'idée, pendant de longues heures abandonnée, il s'étonnera lui-même de la lucidité avec laquelle il l'envisage.

Ce point est surtout important quant à la fermeté des résolutions.

Il est toujours fâcheux d'avoir à revenir sur une décision, mais comme il serait plus défavorable encore d'y persévérer lorsqu'on en a reconnu l'absurdité, on ne doit pas hésiter à la délaisser dans ce dernier cas.

Mais ces fluctuations amènent toujours des retards dans l'accomplissement, lorsqu'elles ne le modifient pas de la façon la plus certaine.

Celui qui s'est pénétré des principes que nous venons d'exposer ne se trouve pas menacé de complications semblables.

C'est avec une assurance tranquille qu'il trace son plan et qu'il se prépare aux actes qu'il a résolu d'accomplir.

Parvenu à la période de l'activité, il se trouvera encore bien des fois aux prises avec les difficultés inhérentes à toute exécution, mais les actions qu'il produira étant toutes combinées et fixées par le raisonnement, il lui sera d'autant plus aisé de les amener à un complet achèvement.

Cependant toute réalisation n'étant qu'un acheminement vers le mieux, celui qui veut réussir ne doit point considérer sa tâche comme accomplie, lorsqu'il est parvenu au terme qu'il s'était assigné.

Si haut qu'il ait pu atteindre, il est encore des faîtes qu'il doit gravir, s'il tient à ne pas déchoir de son privilège.

Est-ce que l'aviateur qui vient de battre le record de la hauteur ne se prépare pas immédiatement à une ascension plus sensationnelle encore ?

Ce qui est le progrès aujourd'hui sera demain le stationnement et après-demain le passé.

Jusque dans l'emploi d'une fortune acquise, l'évolution marque des étapes.

Les ambitions de la génération précédente ne sont plus celles des hommes d'aujourd'hui.

Et à côté de la satisfaction d'une réalisation naît dans les âmes d'élite le désir immédiat d'une autre tâche dont la consommation viendra parfaire le premier résultat.

La fortune est et doit être d'abord le but, mais à la condition de devenir le moyen.

Celui qui se contenterait d'être riche jouirait bien mal de la vie, car l'opulence ne vaut que pour ce qu'elle donne le loisir d'accomplir.

La conquête de la fortune doit donc être regardée comme le premier principe de la réussite, puisqu'elle permet de donner cours à toutes les ambitions.

Elle laisse aussi la faculté d'exécuter de grandes choses et elle est le point de départ de l'acquisition de ce que l'on doit considérer comme le bien le plus cher : l'indépendance matérielle, génératrice de l'affranchissement moral.

CHAPITRE II

La part de l'audace

• Elle est infiniment plus considérable que l'homme adroit
e le laisse généralement croire.

Il est vrai que lorsque l'audace est disciplinée par le
aisonnement, elle n'apparaît point aux yeux du vulgaire
ous son aspect ordinaire.

. L'audace est un mouvement d'âme qui rapporte à l'éner-
ie toute action conçue sous l'empire d'un sentiment.

• Le geste définitif de l'audace est toujours précédé d'un
aisonnement, déterminant la résolution qui le produit.

. La qualité dominante de l'audace est le mépris du
anger.

Il ne faudrait cependant pas en conclure que ce péril est
gnoré de l'audacieux.

C'est à dessein que nous avons employé le verbe mé-
riser.

Ce dédain ne se produit qu'après un mûr examen et en
arfaite connaissance de cause.

• Il est nécessaire de connaître le danger pour savoir le
épriser et celui qui ignore les complications aptes à sur-
ir d'une décision, ne peut être qualifié d'audacieux, s'il
herche à la mettre en pratique.

L'audace finit où l'ignorance commence.

On ne dira pas d'un enfant qu'il est audacieux parce qu'il cherche à saisir la flamme.

Ce geste ne devant être attribué qu'à un manque de connaissance ne peut en aucun cas éveiller l'idée d'une résolution énergique.

Il n'évoquera pas davantage la pensée d'un danger méprisé, puisque l'enfant qui l'aura effectué ne se doute pas de ce qu'est le danger en général et ignore celui-là en particulier.

La plus grande preuve de son défaut de connaissance, ce sont les cris qu'il ne manquera pas de pousser en sentant les atteintes de la douleur résultant de la brûlure.

Beaucoup d'hommes sont enfants sur ce point.

Ils confondent trop volontiers l'ignorance et l'audace ; aussi n'ont-ils pas assez d'imprécations pour maudire l'imprudence commise et beaucoup d'entre eux s'imaginent s'innocenter en disant :

« Si j'avais su ! »

D'autres croient diminuer leur faute en confessant leur incompétence et avouent :

« C'est parce que je ne savais pas telle ou telle chose que j'ai entrepris cette affaire, dont les inconvénients me sont dévoilés maintenant qu'il est trop tard pour y remédier. »

Il en est de moins sincères qui s'exclament :

« Qui est-ce qui aurait pu se douter de cela ! »

« Mais, pourrait-on leur répondre, tous ceux qui raisonnent, assurément.

Il n'est que trop certain, hélas ! que les connaissances humaines sont limitées ; aussi n'est-ce point de leur man-

uc de savoir que l'on devrait blâmer les imprudents, mais
u peu de désir qu'ils ont d'en acquérir.

Si chacun d'eux voulait fermement s'adonner à la ré-
exion, ils se pénétreraient très vite des notions nécessai-
es à la poursuite des projets qu'ils caressen t.

Ils suffirait, la plupart du temps, d'un peu de volonté
l'application pour évoquer les puissances favorables au
éveloppement de l'idée et faciliter l'éclosion des facultés,
endant à stimuler la compréhension rapide des possibi-
ités.

S'il n'est pas permis à tous de savoir, il est donné à
hacun d'apprendre à connaître.

C'est le premier échelon de l'audace bien comprise.

Savoir avant de résoudre.

Savoir avant d'agir.

Savoir afin de déterminer les circonstances favorables.

Savoir afin de prévoir les incidents fâcheux.

Savoir afin de les atténuer, s'ils se produisent.

Enfin savoir afin d'éluder l'improviste.

Or quels sont les moyens de savoir ?

Il en est un seul : apprendre.

Mais pour s'instruire avec fruit, il ne suffit pas de bor-
ner son attention à l'objet qui fait le but de l'étude, en
aisant abstraction des idées qui en dépendent.

La véritable connaissance consiste surtout à faire
riompher la pensée initiale, en la fécondant par l'adjonc-
ion des pensées convergentes, tout en prenant grand soin
'éviter l'anarchie des idées qui ne manquerait pas de se
roduire, si nous n'avions pas l'énergie de les discipliner.

Si la connaissance approfondie du fait analysé s'acquiert difficilement, c'est que nous ne trouvons pas toujours en nous la force de repousser les suggestions étrangères, qui viennent distraire l'esprit de l'idée principale et l'amoindrir en la teintant de confusion.

Est-ce à dire qu'il est nécessaire de repousser toute pensée qui naît de la pensée principale et en est la conséquence ?

Ce serait mal comprendre l'acquisition de la connaissance que de raisonner ainsi.

Chaque pensée, qui vient se greffer sur l'idée maîtresse comme une branche sur le tronc de l'arbre, ne peut être que profitable à la conquête du savoir, car elle étend les limites de la connaissance, mais il faut bien se garder de lui laisser le loisir d'engendrer d'autres rameaux, car on en arriverait très vite à la divergence des idées.

La trop grande profusion des pensées entraîne forcément l'idée dérogatoire et la variété des représentations mentales produit une diversité d'images, propre à éloigner l'esprit de la perception initiale.

Il est facile de comprendre que le rôle de l'audace se trouve singulièrement amoindri lorsqu'il devient difficile de savoir exactement sur quelle résolution elle doit porter.

C'est donc en groupant autour de la pensée première des pensées de même sorte, que l'on parviendra seulement à gravir le premier degré, touchant à l'acquisition de la connaissance.

Dès que l'on sera certain d'y être solidement établi, il sera temps de se préparer à franchir le second, qui mène à la faculté de détermination.

Pour y parvenir d'une façon efficace, l'activité d'esprit sera l'élément le plus certain.

L'activité est la puissance de penser en même temps qu'elle est celle d'agir.

Celui qui négligerait la première forme de l'activité compromettrait singulièrement la perfection de la seconde.

L'activité d'esprit est une qualité qui permet d'envisager rapidement le parti qu'il y a à tirer des circonstances, en même temps qu'elle laisse le loisir de prévoir les incidents qu'elles peuvent produire.

C'est grâce à l'activité d'esprit qu'il sera possible d'éviter la naissance des événements fâcheux.

C'est encore grâce à l'activité d'esprit que l'on pourra les rendre moins défavorables.

C'est toujours grâce à l'activité d'esprit que l'on trouvera le moyen de bénéficier des moindres incidents.

Les divers modes d'activité d'esprit prennent les noms de discernement, raisonnement, jugement, décision.

C'est à tort que l'on confond souvent la vivacité d'esprit avec l'activité cérébrale.

La vivacité d'esprit personnifie surtout la compréhension rapide.

Elle concerne avant tout la perception.

Elle permet de situer exactement l'idée à la place qu'elle doit occuper et d'y rattacher l'image précise qu'elle représente.

L'activité vient ensuite s'emparer de cette perception pour en tirer la spéculation qui lui semble la plus propice à l'accomplissement désiré.

Le discernement intervient ensuite pour rejeter les solutions mauvaises ou douteuses.

Le raisonnement fortifie le choix du discernement.

Enfin vient le jugement qui synthétise toutes ces opérations intellectuelles en une seule : la certitude basée sur le rapport des idées.

C'est alors le tour de la vivacité d'action.

La vivacité d'action, disent les philosophes, est le don d'agir, mû par la pensée.

C'est l'apanage des êtres doués de raison.

Là encore la confusion est très fréquente.

On donne parfois le nom de vivacité d'action à une puissance d'agir qui n'est déterminée que par l'instinct.

Si le raisonnement et les combinaisons de l'esprit ne prennent aucune part à l'acte produit, il faut classer cette vertu d'agir sous la rubrique : activité vitale et non activité d'action.

Il est encore une nuance très prononcée entre les deux mots que nous venons de décrire : l'acte et l'action.

L'acte est un geste, ou une série de gestes produisant un fait.

L'action est une suite de gestes et d'actes ayant pour but une réalisation.

Il résulte donc de cette rapide analyse que lorsqu'on dit d'un homme : « Il s'est conduit en audacieux », on rend hommage à ses qualités d'activité intellectuelle, manifestées sous les formes successives de la rapidité de perception, du discernement, du raisonnement et enfin de la décision qui naît d'un jugement nettement formulé.

Les divers modes de l'activité prennent le nom de forces.

.Il est des forces passives et des forces agissantes.

Les premières sont la plupart du temps, d'autant plus difficiles à produire qu'elles demandent une énergie plus considérable.

Au cœur même de l'action, le mouvement dirigé vers le but que l'on veut atteindre, devient, quelque pénible qu'il soit, un soulagement assuré, lorsqu'il fait partie de l'ensemble des actes que l'on a décidé d'effectuer.

C'est un dérivatif certain qui met un frein à l'impatience, en donnant au désir de réalisation un aliment de satisfaction.

Tout acte raisonné, accompli dans le but de parvenir au terme que l'on s'est proposé, entretient un espoir et facilite le progrès.

L'agitation divise l'illusion et renforce l'énergie, lorsqu'elle est la conséquence d'un élan raisonné qui doit conduire vers le mieux.

Combien plus aride est l'expectative, mais aussi quelle puissance ne renferme-t-elle pas !

L'erreur, assez généralement répandue, est de croire que l'audace consiste surtout en actes apparents.

Elle gît parfois dans une énergie latente, formée d'une résolution implacable.

La constatation de l'inopportunité de l'effort présent, en créant le recueillement qui prépare l'acte futur, est une conquête de l'audace sur la témérité.

Le sang-froid fut toujours la qualité maîtresse des audacieux.

C'est une force considérable qui permet de n'entrer en lice que lorsqu'on est certain d'avoir sur son adversaire un avantage marqué.

. Le véritable audacieux n'entame la lutte que lorsqu'il [a]
rassemblé les armes offensives et défensives dont il peu[t]
être appelé à se servir.

Que dirait-on d'un futur combattant qui, à l'annon[ce]
d'une guerre, partirait, n'ayant pour soutiens que sa br[a]-
voure et son enthousiasme?

Ce serait à coup sûr un imprudent magnifique ; [on]
pourrait admirer son élan généreux, mais les gens sens[és]
ne manqueraient pas de déplorer que de si belles vertus fu[s]-
sent annihilées par une légèreté d'esprit et une impatienc[e]
destinées à réduire à néant cette tentative, si louable [en]
elle-même.

⸼ Celui qui, au contraire, dès qu'il pressent la possibili[té]
d'une déclaration d'hostilité rentre chez lui, fourbit s[es]
armes et ne part que lorsqu'il a la certitude d'une supé[-]
riorité, mérite la victoire qu'il a si bien préparée.

Or nous avons tous à combattre un adversaire qui [ne]
laisse guère de répit : cet adversaire quotidien c'est [la]
Vie ; la Vie qui, avec chaque jour, amène un cortège [de]
luttes plus ou moins graves, entrecoupées de trèves po[ur]
ceux-là seulement qui savent les obtenir après le trio[m]-
phe.

Le *struggle for life* adopte toutes les formes com[-]
batives ; c'est le plus souvent une série d'escarmouche[s]
à la suite desquelles les audacieux, partis en avant-gar[de]
conquièrent la paix en écrasant l'ennemi, surpris par [la]
rapidité et le brio de leur attaque.

D'autres fois c'est une mêlée générale d'où les aud[a]-
cieux sortent seuls indemnes, tandis que les irrésol[us]
sont piétinés et laissés pantelants, que les témérair[es]

tombent victime de leur inutile bravoure et que les lâches deviennent les jouets de l'ennemi.

Payer d'audace, c'est prendre conseil des circonstances, sembler les ignorer même, pour mieux en saisir les détails, ou parfois s'élancer pour arrêter au vol l'occasion qui s'en dégage et la capter avant qu'elle n'ait pris un essor définitif.

Un coup d'audace n'est jamais le résultat d'une impulsivité. Quelle que soit la spontanéité de l'action elle fut toujours raisonnée en adoptant les transformations successives conduisant de la perception à la réalisation.

Dans le cas contraire c'est l'œuvre de la témérité et de l'imprudence.

Il est très rare qu'alors l'achèvement soit complet, car manquant de base solide, l'édifice construit aussi légèrement ne tarde pas à crouler.

L'audace se manifeste aussi dans les discours.

Mais là encore, on ne peut donner ce nom qu'aux phrases derrière lesquelles se cache une pensée.

Une harangue audacieuse ne peut avoir une portée véritable que si la hardiesse des mots découvre une réalité que l'on veut faire apprécier.

Il est des calamités que tout le monde connaît, que l'on est unanime à déplorer, mais qu'on aime à se dissimuler, par fausse pruderie, par haine de l'effort qui pourrait les atténuer et par peur de la lutte à entreprendre pour en opérer la destruction.

C'est le rôle de l'audacieux de prononcer les mots qui font tomber le voile derrière lequel se dérobent les turpitudes; c'est lui encore qui, après avoir bravement montré le mal, marchera en tête de ceux qui songent à l'exterminer.

. L'audace, telle que nous venons d'en faire la rapide analyse doit donc porter : *sur la pensée ;*

sur le jugement ;

sur la décision.

. Enfin sur la réalisation ; c'est-à-dire qu'elle doit influencer chaque acte que l'on accomplira dans le but de l'achèvement désiré.

Ceux qui agissent différemment ne peuvent prétendre au titre d'audacieux ; quelques-uns sont des téméraires, d'autres des présomptueux et la plupart des étourdis ou des fantoches.

CHAPITRE III

Tenir bon

« La seule chose qui puisse montrer aujourd'hui si quelqu'un a de la valeur ou non, c'est de savoir tenir bon », a dit Nietzsche.

Tenir bon, c'est mépriser les circonstances fâcheuses, dompter la fortune adverse et persévérer dans la voie que l'on s'est tracée.

C'est quelque chose de plus que la persévérance, quelque chose de moins que l'entêtement.

Tenir bon c'est faire litière des contingences ; c'est oublier volontairement les difficultés ; c'est accepter bravement toutes les conséquences d'une résolution dont on désire l'accomplissement.

C'est compter pour peu le labeur de l'exécution et ne point se laisser rebuter par les entraves apportées à chaque accomplissement.

Ceux qui veulent « tenir bon » doivent être doués d'une force de caractère peu commune et d'une maîtrise de soi dont la vertu s'exerce, non seulement sur leurs désirs, mais encore sur leurs instincts et sur leurs passions.

L'action de « tenir bon » est toujours inspirée par le sentiment de la ténacité qui puise ses origines aux mêmes sources que la persévérance.

Pourtant il en diffère sur quelques points.

La ténacité est une des conditions, — la condition principale — de la persévérance, mais elle exclut l'idée de mutation que cette dernière qualité éveille toujours.

La persévérance est un acheminement.

La ténacité est un stationnement.

Cette idée de stagnation ne peut cependant être définitive, car elle serait une entrave au progrès et, dans ce dernier cas, le fait de tenir bon ne pourrait donc être un principe de réussite.

Il ne peut être profitable de tenir bon que dans le cas où la résistance peut mener à une autre forme de l'évolution, qui doit se faire dans le sens de l'avancement.

Celui qui veut réussir dans la vie ne peut manquer d'orienter sa conduite vers ces deux éléments de succès ·la résistance d'abord, le progrès ensuite.

C'est grâce à ces deux facteurs qu'il arrivera à réaliser des actes interdits aux énergies intermittentes.

C'est en les faisant participer à toutes ses résolutions qu'il échappera à la multiplicité des sollicitations, de nature à le troubler dans la décision qu'il désire transformer en acte.

C'est en observant les lois de la ténacité, sans perdre de vue celles du progrès, qu'il parviendra à garder les positions conquises, si périlleuses soient-elles.

Ceux qui dédaignent ces principes se laissent trop aisément entraîner vers la pente glissante de la fantaisie ou vers celle, plus difficile à éviter, de la mollesse; et toutes deux conduisent à l'abîme de l'échec.

Mais la résolution de tenir bon ne suffit pas toujours pour assurer le succès.

Avant tout il faut que cette décision soit basée sur une raison sérieuse et que la démonstration de la nécessité de la résistance soit suffisamment prouvée.

Celui qui se propose cette ligne de conduite doit donc avant toute chose en déterminer les premiers termes qui sont :

La qualité des motifs... ;

La science de l'opportunité de la résistance ;

La fixité de l'action.

Il est évident que si tenir bon peut être un élément de succès lorsqu'il s'agit d'une résistance raisonnée, cet acte devient un entêtement blâmable, lorsque cette détermination est due à un simple caprice ou à une résolution prise à la légère.

La qualité du motif ou des motifs qui la dictent a donc une importance primordiale et on ne saurait assez s'appesantir sur ce que l'on pourrait appeler le point de départ de la cause déterminante.

Afin de l'étudier soigneusement, il sera utile de joindre le raisonnement concernant le prémice de l'idée à l'opération qui consiste à tirer une conclusion des prémisses, formant les propositions dont la conséquence est la conclusion.

Le motif est la raison qui amène la décision relative à l'adoption d'une résolution.

On dira :

« Le motif qui nous a décidés à adopter tel parti est... »

« Le motif qui a causé la résolution relative à tel acte est... »

« Le motif qui, dans ce traité, nous a imposé telle ré
daction est... »

En un mot, celui qui veut réussir n'entreprend rie
sans qu'un motif sérieux l'y ait déterminé.

Il peut arriver cependant que le motif initial soit ma
défini et que la nécessité d'une résolution ne s'impose pas

L'homme habile écartera alors cette préoccupation san
but pour en accueillir une autre, plus indiquée, dont le
termes lui sembleraient mieux s'adapter à ses aspirations

Dans cette recherche il mettra tous ses soins à n'arrê
ter son choix que 'sur un objet propre à servir ses désir
et ses ambitions, écartant sans pitié toutes les combinai
sons stériles, qui ne peuvent mener à un achèvement.

Le *motif* sur lequel il basera toute l'opération de rai
sonnement qui précédera sa résolution sera toujour
tributaire du but principal, autour duquel viendront s
grouper tous les efforts dépendant de l'idée et conver
geant vers la réalisation qui la couronnera.

Cette réflexion est encore une manière de tenir bon.

C'est la base légitime de toute ténacité.

Avant de songer à tenir bon, il est indispensable d
s'assurer de la solidité de l'objet qu'il s'agit de mainteni

Les plus belles résolutions et l'énergie la plus cons
tante ne parviendraient pas à permettre de tenir de l'ea
dans ses mains serrées.

Celui qui voudrait entreprendre de garder du sable dan
ses paumes frénétiquement jointes le verrait, malgré tou
ses efforts, fuir lentement et bientôt il n'étreindrait plu
que quelques parcelles, propres tout au plus à lui rap
peler qu'il eut, un moment, la possession d'une masse.

Pour *tenir bon*, il faut être certain que ce que l'on veut tenir ne se diluera pas, quoi qu'on fasse pour le garder.

C'est ce qui arrive à ceux qui oublient d'inviter le raisonnement au baptême de leurs résolutions.

Quoi qu'ils puissent faire, si le motif initial n'est pas solidement établi, ils verront leurs projets s'anéantir.

Il est donc indispensable de choisir un motif, dont le développement ne peut manquer d'amener la conclusion désirée ou tout au moins de la préparer de la façon la plus certaine.

Il sera temps de songer ensuite à la fixité de l'action qu'il est nécessaire de produire.

Ce sera la part du raisonnement qui, suivant les circonstances, indiquera le degré de ténacité et la qualité de cette fixité, tout en en démontrant l'opportunité.

·Il est des cas où pour tenir bon d'une façon intelligente, il est nécessaire de feindre de céder.

·D'autres fois l'intransigeance est nécessaire, non seulement dans la conduite, mais dans l'attitude et dans les déclarations.

Il nous faut encore différencier la ténacité de la persévérance.

La ténacité est une vertu qui résiste aux causes de destruction.

La persévérance est la persistance d'action, envisagée par rapport au but proposé.

La ténacité comme la persévérance, sont alimentées par la volonté.

·En tenant bon, on permet au secours d'arriver et on laisse aux incidents favorables la latitude de se produire.

En persévérant, on s'achemine vers le but, sans se décourager de la lenteur et des difficultés de la route.

Dans l'un comme dans l'autre cas, il s'agit de connaître clairement le terme que l'on se propose et de s'efforcer de l'atteindre en écartant les suggestions étrangères, dont l'effet serait de détourner la volonté en lui assignant un but dérogatoire à l'achèvement principal.

Nous avons vu que l'auxiliaire le plus puissant de la ténacité était le raisonnement.

Il nous faut ajouter qu'il est non seulement la genèse de toute ténacité intelligente, mais qu'il renferme toutes les autres raisons.

Toute ténacité qui ne repose pas uniquement sur le raisonnement dévie.

Elle devient rapidement du parti pris, et souvent de l'entêtement.

Tenir bon sans raison suffisante, c'est obéir à une obstination fâcheuse ou à un mouvement de vanité qui peut devenir infiniment pernicieux.

Le parti pris est une forme de l'entêtement, qui ne permet pas de discuter avec la raison.

Nombre de gens s'imaginent posséder des qualités de résistance et de ténacité, parce que, se refusant à écouter toute considération de nature à contrarier une résolution prise à la légère, ils s'entêtent dans la voie qu'ils ont choisie, sans en discerner les dangers.

Beaucoup d'entêtés sont des amants de la chimère, qui se refusent à admettre l'irréalité de leurs désirs.

Les indolents apportent un contingent considérable à l'armée des entêtés.

Pour ces derniers, le fait de prendre une résolution est
 ennui tellement considérable, qu'ils préfèrent mainte-
 celle qu'ils ont adoptée, lors même qu'ils peuvent en
 nstater les défectuosités, plutôt que de la délaisser pour
 oisir une autre détermination.

L'effort que nécessiterait l'abandon, la manifestation de
lonté qu'il entraînerait, les possibilités de lutte qu'ils
trevoient suffisent pour les empêcher d'accomplir le
ste libérateur.

La nécessité de la réflexion, nécessaire à l'adoption d'un
tre plan, effarouche aussi leur nonchalance.

Ils se remémorent les tourments que leur a causés
bligation d'une décision et ils reculent devant un labeur,
ils pressentent d'autant plus considérable, que, s'ils
nt de bonne foi vis-à-vis d'eux-mêmes, ils ne pourront
er qu'une résolution prise avec la précipitation qui a
cté la première ne peut être réellement louable.

Ils s'avouent donc que leur devoir serait de réfléchir
ûrement ; mais devant l'ennui de l'effort intellectuel,
écédant la série de nouveaux efforts physiques, dont ils
erçoivent la nécessité, ils hésitent, pris de lâcheté et
nissent par se convaincre, en usant vis-à-vis de leur
nscience de raisonnements dont ils n'ignorent point la
usseté et qui pourraient à peine prendre le nom de cir-
nstances atténuantes.

L'entêtement qui puise sa cause dans la vanité n'est
as plus recommandable.

Pour certaines natures entachées de faiblesse, l'aveu
une erreur est une honte.

Ils sont rares les hommes qui ont la crânerie de reconnaître qu'ils se sont trompés.

Cet aveu est toujours un signe de force morale et de loyauté intense.

Les présomptueux n'admettent pas la confession de leurs torts et ils espèrent toujours en imposer en persévérant dans le mensonge, qu'il décorent bien haut du nom de Vérité.

Hélas ! la vie se charge trop souvent de démasquer leur artifice ; c'est un rude maître, dont la férule atteint toujours ceux qui ont prétendu méconnaître les lois de la raison.

Tenir bon ne peut donc être le fait de l'entêté ; il n'est pas davantage celui du vaniteux, encore moins celui du nonchalant.

C'est l'acte de l'homme, qui, bien décidé à réussir, met tout en œuvre pour mener à bien la grande entreprise du succès.

Tout plein de l'idée qui plane sur chacune de ses tentations, il songe d'abord à créer le motif, qui, par les liens de l'association, se rapproche le plus de la pensée générale présidant à chacun de ses actes.

Il n'en effectuera aucun sans l'avoir mûrement raisonné.

Il ne s'engagera dans une voie que lorsqu'il en aura prévu l'issue.

Il ne commencera rien sans avoir la ferme conviction de pouvoir l'achever dans le sens le plus favorable.

Il n'entreprendra que ce qui lui est indiqué par la raison ; c'est le phare qui éclairera sa route et lui indiquera les pièges du chemin.

Mais dès que les qualités du motif lui paraîtront suffi-
santes pour déterminer la fixité de l'action, *il tiendra bon
envers et contre tout.*

Pour champions il a la raison et les possibilités favorables.

Pour adversaire le hasard seulement.

C'est à lui de le maîtriser en lui montrant l'impossibilité qui déconcerte et le courage qui met les chances mauvaises en fuite.

Le hasard n'est funeste qu'aux indolents et aux sots ;
si, de temps en temps il se complaît à détruire un édifice, dont la solidité semble pourtant éprouvée, il ne
s'acharne pas contre celui qui, plein de sang-froid, recueille
les débris du monument écroulé, pour en construire un,
plus solide que le premier.

Tenir bon, c'est non seulement faire fi des hasards
mauvais, c'est encore les prévoir et les empêcher de se
produire.

C'est les atténuer en réparant les désastres qu'ils ont
pu causer.

C'est aussi les lasser pas la constance avec laquelle on
contrarie leurs méfaits.

C'est enfin les décourager par l'énergie qui les rend
inutiles.

Tenir bon, c'est prendre modèle sur ce sage de l'an-
tiquité, qui, voyant sa maison détruite par la foudre, disait
en recueillant les débris, à l'aide lesquels il s'efforçait de
la reconstruire :

« Je suis heureux de ce malheur, car ma maison était
dans un grand état de vétusté et cet accident me donne
l'occasion de la reconstruire.

« J'aurais dû y songer depuis longtemps, mais j'étais toujours pris par des soins qui m'interdisaient cette besogne.

« Il me faut donc louer le dieu qui dispense la foudre, puisqu'il m'a, dans sa toute puissance, obligé à accomplir un projet dont, sans son intervention, j'aurais encore longtemps différé l'exécution. »

Celui qui veut réussir doit imiter ce sage.

Si la cause pour laquelle il lutte lui est démontrée bonne il doit *tenir bon* envers et contre tous et tout.

Il le fera en se servant de tous les moyens de résistance qui sont à sa portée :

Le *statu quo* qui lasse les mauvaises volontés adverses.

La force d'inertie, excellente à développer contre des idées ou des manœuvres que la politique sociale ne permet pas de repousser ouvertement,

L'Énergie qui interdit les défaillances physiques en donnant la force d'âme nécessaire pour résister à la douleur.

C'est encore le plus sûr moyen de la dompter et tenir bon contre la souffrance, c'est l'atténuer dans la mesure du possible.

Si le stoïcisme ne fait plus guère partie du bagage modern , la volonté de combattre le mal corporel par le mépris, en détournant l'attention sur un sujet étranger à ce mal, le rend certainement moins sensible ; il ne règne jamais en maître despote chez l'homme décidé à *tenir bon* contre lui et à le chasser par tous les moyens que l'on emploie vis-à-vis des importuns, dont on prévient et cherche d'abord à empêcher la visite et que, forcé par les cir-

constances, on reçoit de façon à ce qu'ils ne s'éterni-
sent pas.

.L'homme qui veut réussir s'évertuera surtout à mettre
en pratique ce moyen magnifique : l'action.

. L'action met au jour toutes les qualités du lutteur
habile et lorsqu'elle est sagement et inexorablement conduite, elle lui permet de développer à la fois la volonté,
le sang-froid, la persévérance, la maîtrise de soi et l'énergie, synthèse de toutes les vertus de réalisation.

CHAPITRE IV

Le Bluff intelligent

On a dit parfois que si toute vérité est bonne à énoncer, il fallait cependant, avant de la proférer, s'enquérir de la mentalité de ceux qui étaient destinés à l'entendre.

Le principe du bluff est contenu dans ce conseil.

Il y a deux sortes de bluff.

Celui qui repose sur la vanité, c'est-à-dire sur un désir puéril d'éblouir les autres sans qu'une raison sérieuse vienne se mêler à cette intention.

Les assoiffés de gloriole vaine, les inutiles et les esprits de peu d'envergure cultivent seuls ce genre de bluff, qu'on pourrait comparer au supplice des Danaïdes.

S'ils cessent de besogner pour maintenir leur mensonge, le vide apparaît immédiatement et tous leurs efforts sont perdus.

Le bluff qui repose sur le mensonge, ou celui qui n'est fait que de mesquine vanité sont classés dans cette catégorie, et ne sauraient être suffisamment flétris.

Le bluff intelligent doit avoir pour base une vérité ; mais ainsi que nous le disons au début de ce chapitre, il est souvent maladroit de dire la simple vérité devant ceux qui sont mal préparés à l'entendre.

Il n'est pas moins inhabile d'être intégralement sincère

devant ceux qui sont portés à travestir les sentiments véridiques que l'on expose.

Mais il est très dangereux pour celui qui veut réussir de ne point masquer des déceptions qui, si elles restent ignorées, ont grandes chances d'être passagères, alors que leur divulgation risque de les rendre définitives.

Il est bon de toujours compter avec l'envie ou la malignité d'autrui.

On doit encore faire entrer en ligne de compte la méfiance qui pousse les interlocuteurs à douter de l'exacte véracité de ce qu'on leur rapporte.

Devant un aveu sincère il se trouvera toujours des gens pour en rechercher la raison et dire : Puisqu'il avoue cela, c'est que les choses doivent être pires.

Une grande dame, célèbre par sa haute intelligence, se trouvant un jour amenée à parler de son âge devant un de ses amis intimes, celui-ci s'aperçut avec étonnement qu'elle se rajeunissait de cinq années.

Les invités partis, il ne put s'empêcher de lui dire sa surprise, ajoutant qu'il l'avait jusqu'alors jugée comme une femme supérieure et dénuée de prétentions futiles.

Il lui rappela en même temps combien de fois elle avait été sévère pour celles dont elle méprisait la mentalité puérile et lui reprocha doucement de les imiter.

Mais la dame se récria :

« Croyez, mon vieil ami, dit-elle, qu'en agissant ainsi je fais acte de réflexion et de psychologie.

« Au risque de paraître cultiver le paradoxe, je puis vous assurer que ce mensonge ne m'est dicté que par un profond souci de vérité.

« Vous savez, ajouta-t-elle, que si l'habitude des femmes est de cacher quelques années, celle de leurs amis est de leur en accorder toujours quelques-unes de plus, en se basant pour cela sur le chiffre énoncé.

« En me rajeunissant de cinq ans, je force donc mes contemporains à dire la vérité, puisque, en ajoutant ce chiffre à celui que j'avoue, ils me donneront mon âge véritable. »

Cette anecdote pourrait servir de type à la plupart des bluffs intelligents.

Il est certain que si un homme d'affaires confessait un embarras momentané, on ne manquerait pas de le déclarer ruiné et toute confiance lui serait rapidement retirée.

Le bluff intelligent doit surtout se produire sous l'aspect d'une réalisation escomptée à l'avance, quant aux apparences, tout au moins.

Le danger du bluff existe surtout pour les bluffeurs qui se laissent prendre au mirage qu'ils évoquent.

L'homme qui veut réussir ne doit l'entreprendre que lorsqu'il est certain de parvenir au résultat annoncé et d'acquérir la situation qu'il indique comme définitive, alors qu'elle ne l'est pas encore.

En un mot, le bluff intelligent est une vérité prématurée, car il ne doit évoquer que des apparences susceptibles de devenir à prompte échéance des réalités.

Pour qu'il soit parfaitement réussi, il est nécessaire qu'il demeure invisible et que la situation acquise ne vienne en rien modifier celle que l'on a voulu représenter, si ce n'est en l'améliorant insensiblement et progressivement.

Le bluff ainsi conçu peut être un coup de maître.

Il enchaîne la confiance et lui laisse produire tous les bons effets, concourant à la célérité de l'accomplissement.

On doit compter aussi avec l'amour de l'exagération qui se trouve satisfait par le bluff, lorsqu'il ne tend qu'à préciser des avantages en les grossissant prématurément.

Pour réussir, le bluff doit avoir la vérité pour base.

Celui qui s'étaie sur le mensonge n'est qu'une tromperie vulgaire, digne d'être qualifiée plus sévèrement encore.

Il n'a, en outre, aucune chance de réussir.

Ce n'est pas tout de bluffer ; il faut pouvoir soutenir son bluff, sinon on risque de le voir s'écrouler en entraînant celui qui l'a si mal construit.

On pourrait citer des variétés infinies de bluffs, parmi ceux que nous qualifions d'intelligents.

Le bluff du succès, de la situation ou de la renommée vient en première ligne.

C'est le plus ordinaire et le plus légitime, lorsqu'il n'est basé sur aucun sentiment vil.

Les bluffeurs sont parfois de parfaits psychologues ; ils savent que le meilleur moyen d'éviter la défiance est de feindre le succès. Aussi les voyons-nous se targuer d'une réussite qu'ils savent proche, mais qui n'est encore qu'à l'état de formation.

Leur raisonnement est empreint d'une observation profonde.

Ils connaissent assez leurs semblables pour savoir que la plupart d'entre eux fuient les responsabilités et se laissent volontiers gouverner par l'égoïsme.

Or quelle peut être la pensée de l'homme médiocre auquel un homme trop sincère dévoilerait ses tracas, ses démarches, ses espoirs grandioses et bien fondés, mais étayés surtout sur le concours de ceux qui croient tirer des avantages de cette collaboration.

Assurément, le premier mouvement de celui auquel on ferait ces confidences, s'il n'est pas animé d'une générosité rare, sera un geste de doute, qui se traduira généralement par le retrait de son concours.

Nous avons dit combien la grandeur d'âme était exceptionnelle, c'est avouer que l'homme trop sincère se trouvera bientôt seul, en face de l'entreprise autour de laquelle il avait rêvé de grouper des bonnes volontés agissantes.

Si, au contraire, mieux versé dans la connaissance de son prochain, il *bluffe*, c'est-à-dire si, persuadé du résultat assuré qu'il entrevoit, il annonce une réussite qui ne peut devenir certaine que par la vertu des appuis futurs, il se concilie ces appuis et organise ainsi son succès.

Est-ce là un mensonge?

Non, c'est un bluff intelligent, car l'affaire qu'il annonce comme très brillante dans le présent, le deviendra assurément dans l'avenir, grâce aux auxiliaires qu'il conquiert ainsi, amis frénétiques du succès, tout prêts à devenir les adversaires d'une infortune, que leur défection ne manquerait pas de créer.

Le bluff est surtout l'ami du mérite individuel.

Il devient Vérité pour ceux qui savent le transformer à l'aide de leur volonté et de leur activité.

Les novateurs, ceux qui veulent imposer une doctrine ou une forme nouvelle à des arts anciens, sont, la plupart du temps, obligés d'avoir recours au bluff pour faire connaître leurs idées.

C'est en tirant des coups de pistolet qu'on attire l'attention de la foule.

Ce n'est point en susurrant quelque fade romance que l'on aura chance d'accaparer l'intérêt général.

Les propagateurs d'une doctrine, ou les hommes qui désirent faire partager une idée nouvelle, doivent donc, presque toujours, avoir recours au bluff pour forcer la curiosité de leurs contemporains.

Ils commencent par produire l'éclat destiné à tirer les gens de leur indifférence, en présentant ce qu'ils veulent faire admettre sous un jour qui ne peut manquer de les éblouir de la façon la plus outrancière.

Les uns crient à l'attentat, d'autres se détournent résolument de la lumière cruelle, mais tous y pensent, les uns avec colère, les autres avec mépris ; tous en parlent, en se raillant ou en s'indignant, c'est possible, mais ils en parlent, c'est là la grande affaire.

Quelques excentriques viennent apporter l'appoint d'une conviction dictée par le snobisme et ils deviennent les inconscients complices du bluff.

C'est à ce moment que l'homme de volonté modifie ses plans dans le sens des possibilités rationnelles ou de l'esthétisme raisonné.

Délaissant le fatras et les excentricités constituant le bluff, il rend à sa doctrine ses proportions véritables et rejette comme autant d'oripeaux inutiles les ornements bizarres dont il avait cru bon de l'affubler, afin de'frapper l'imagination de la foule.

Il est des cas où le bluff prend les apparences d'une simplicité exagérée.

C'est lorsqu'il s'agit de conquérir les ruraux ou les classes moyennes.

Une affectation d'austérité et une grande modération, dans l'aspect général de la personne et des habitudes extérieures, peuvent attirer plus facilement les sympathies de ceux qu'un étalage de luxe effaroucherait.

Faut-il en conclure à l'hypocrisie, si celui qui accomplit ce bluff sacrifie quand même au bien-être que donne la fortune, en vivant dans une somptuosité en opposition avec les goûts dont il fait parade?

Si, son bluff terminé, il remplit loyalement la mission pour l'accomplissement de laquelle il a dû forcer les sympathies, on ne peut le blâmer d'avoir employé des moyens tendant à une réalisation généreuse, bien que l'intérêt personnel n'y fut point oublié.

Doit-on encore se montrer sévère pour l'homme politique qui promet plus qu'il n'est assuré de tenir, s'il est décidé à donner la large mesure de son dévouement à la cause qu'il représente ?

Il est bien certain que celui qui dirait, sans les masquer, toutes les difficultés, voire même les impossibilités concernant certains points de la tâche qui lui incombera, exciterait la défiance de ceux dont il a le désir d'enchaîner les suffrages.

Celui qui, épris d'une sincérité outrancière ne manquerait pas de présenter sous leur jour véritable, les causes s'opposant à l'accomplissement intégral de son mandat, n'aurait jamais guère de chances d'être promu à la dignité qu'il convoite.

Ses électeurs ne manqueraient pas de taxer sa franchise d'impuissance et ils porteraient leurs voix au concurrent, prometteur d'un avenir qu'il sait lui-même irréalisable.

Cependant le premier, celui qui fut trop sincère, tout en maintenant la vérité de son programme, qui ne contenait que des projets susceptibles d'être menés à bien, aurait probablement, dans la pratique, dépassé la mesure de ses promesses, tandis que le second, sceptique lui-même au sujet des espoirs qu'il a fait naître, ne tentera probablement rien qui se rapproche d'une amélioration sérieuse.

Il est cependant des cas où ce que l'on pourrait appeler le bluff de la sincérité apporte le succès à son auteur.

Mais ce bluff est fort dangereux et ne peut être complet, car il consiste en une affectation de franchise, dont les déclarations peuvent susciter bien des haines.

Il serait souvent très maladroit de le pousser jusqu'au bout et ce bluff doit être conduit avec une rare sûreté de main pour ne point tourner à la confusion de son auteur.

Si pourtant celui-ci possède un esprit subtil allié à un talent réel d'analyse, il pourra retirer de cette attitude des avantages considérables.

Mais ce bluff doit être conduit à la façon d'un cheval ardent, auquel il faut savoir rendre la main, sans jamais laisser de lui faire sentir le mors.

Le bluff de la sérénité est un de ceux qui doit être pratiqué par tous.

La sérénité est une force qu'on ne saurait assez culti-
er ; elle est fille de la volonté qui permet de se maîtriser,
u point de ne rien laisser transparaître des impressions
ées des circonstances.

Se rend-on bien compte de la supériorité que peut avoir
ur son interlocuteur celui qui oppose à ses attaques un
isage impassible, ne reflétant rien des mouvements d'âme
ue suscitent les contradictions ou les déclarations tenant à lui imposer une conviction étrangère.

L'impassibilité, en atténuant le rayonnement d'échange
e la pensée, donne à celui qui peut l'obtenir un avantage
marqué dont la moindre condition consiste dans l'égare-
ment de son adversaire.

Devant cette physionomie, volontairement fermée, qui
l'accuse rien des coups reçus ou des satisfactions obte-
ues, il se déconcerte peu à peu ; il pense avoir fait fausse
oute, change de tactique, découvre peu à peu tous ses
moyens de persuasion, laisse apercevoir l'inanité de ses
uses et cesse d'être dangereux puisque son adversaire
onnaît en très peu de temps tous les mystères de sa fai-
lesse et tous les défauts de ses plans.

Lui, au contraire, ne peut rien découvrir des pensées
ont le bluffeur flegmatique ne laisse rien transparaître
ur sa physionomie.

Il marche donc en pleine obscurité, tout en prenant
oin d'éclairer son interlocuteur.

Faut-il s'étonner qu'il se heurte à tous les obstacles
qu'il n'aperçoit point, qu'il perde sa route et s'égare dans
un chemin au bout duquel l'autre l'attendra, bien armé de
ous les avantages qu'il lui a laissé prendre ?

Ce bluff, pratiqué par un homme de volonté, ne p
passer pour un mensonge.

En aucun cas, il ne peut être blâmable de marquer
la froideur, lorsque cette attitude ne comporte ri
d'agressif ni de systématiquement offensant.

Il est des gens qui pratiquent le bluff du sourire ;
affectent une urbanité à laquelle tous leurs interlocuteu
se laissent volontiers prendre, car ils s'imaginent que ce
bonne grâce leur est dédiée et ils sortent de l'entreti
ravis d'un accueil aussi parfait.

Cette attitude, qui permet au bluffeur de dérober s
impressions, lui concilie encore toutes les bonnes grâc
de ceux qui ne s'aperçoivent que rarement de la banal
de cette courtoisie.

Et lors même qu'ils auraient l'occasion de remarquer
différence entre l'accueil et la conduite de celui qui s
attirer leurs sympathies, l'éternel sourire de ce derni
étayant des phrases vides, mais sonores et conciliantes
la fois, aurait bientôt fait de ranimer leur confiance et
raviver en eux le désir d'accord que l'aspect du bluffe
souriant suscite toujours.

Dans le même ordre d'idées, on compte le bluff de l'e
pansion.

Celui-là n'est pas toujours un mensonge, car certain
natures se laissent entraîner facilement à témoigner o
vertement des émotions très superficielles qui les agiter

Le bluffeur expansif est donc très souvent de bonne f
et s'il sait se maîtriser, il manifeste d'autant plus volo
tiers ce sentiment qu'il en connaît la fugacité.

C'est donc sans crainte qu'il se laisse entraîner à d

xpansions, très banales dans le fond, mais séduisantes
dans la forme et de nature à capter les bonnes volontés
et à obtenir facilement les concours qu'il convoite.

Dans tous ces bluffs que nous avons qualifiés d'intelligents, il va sans dire que nous excluons toute idée de félo-
nie ou d'hypocrisie.

Celui qui veut réussir ne gagne jamais rien à employer
ces deux moyens, qui, la plupart du temps, se retournent
contre lui.

Mais dans le combat pour le succès, le bluff intelligent,
— nous allions presque dire le bluff loyal — est une arme
que l'homme de volonté doit savoir manier.

Dans sa poursuite de la réussite, le bluff de la sérénité
lui donnera la force d'atteindre la fugitive déesse sans
perdre un instant la présence d'esprit qui lui permettra de
découvrir son gîte, tout en se dissimulant assez lui-même
pour ne point l'effaroucher.

Le bluff de la fortune ou de la situation, lui permettra
de l'attirer par ce miroir aux alouettes qu'est le prestige,
attaché à l'homme qui a réalisé une entreprise.

Les bluffs de l'expansion et celui du sourire achè-
veront de compléter une conquête habilement commen-
cée.

En un mot, le bluff, quel qu'il soit, du moment où il ne
vise que le moyen d'atteindre à un achèvement qui doit
se parfaire avec son aide, est légitime quand il repose sur
la solide base de la vérité.

Les autres, ceux qui s'étayent sur le simple désir de voir
se matérialiser une chimère, sont semblables à ces bulles
brillantes qui éclatent sans laisser d'autres traces qu'une

goutte, vite séchée, dont la tache disparaît à la premièr
haleine du vent.

Nous ne parlerons pas des bluffs qui prennent leur sour
dans le mensonge.

Le nom de bluff ne peut être appliqué à la perfidie ; ell
mérite un qualificatif plus sévère et ceux qui la pratiquen
ne marcheront jamais dans le cortège des hommes qu
savent s'auréoler de volonté pour conquérir le succès.

CHAPITRE V

La bravoure du risque

Dans sa naïveté très franche, la sagesse des nations a édicté cette loi :

« Qui ne risque rien n'a rien. »

Malgré sa forme un peu brève et trop absolue, cette maxime vaut la peine d'être méditée.

C'est un blâme décerné aux timides en même temps qu'un encouragement aux belles tentatives.

Il ne faudrait cependant pas y voir une invitation à l'imprudence, et ce serait mal comprendre l'esprit qui l'a dictée que d'en conclure à un conseil téméraire.

Par le mot risque, il faut entendre la chance de réussite qui s'attache aux entreprises dont l'issue n'est pas toujours certaine, mais dont le résultat est d'autant plus beau.

On doit bien reconnaître que tout ce qui comporte un risque, c'est-à-dire des chances contraires, est toujours plus rémunérateur que les affaires qualifiées « de tout repos ».

Au début de leur carrière, la plupart des hommes ont à choisir entre deux voies.

L'une toute tracée, dépourvue d'ornières, conduit sans trop de peine à un but médiocre et sans envergure.

L'autre est coupée de fondrières, bordée de précipices ; elle mène vers les cimes parfois, mais tous ceux qui la suivent n'ont pas la chance d'échapper aux pièges qui se multiplient tout au long du parcours.

Nombre d'entre eux se brisent les membres dans les chutes provoquées par les aspérités de la route ; quelques-uns disparaissent au fond des précipices ; d'autres plus ou moins grièvement blessés se traînent, végètent et meurent sans avoir pu atteindre le château chimérique, dont le profit altier enthousiasma leur désir de conquête.

Les premiers, ceux qui suivent le sentier aplani par les pas des passants nombreux, n'ont guère à souffrir que de la trop grande affluence des compagnons de route.

En effet, la facilité, la sécurité, l'absence des dangers sont autant d'attraits invitant à choisir le chemin de la médiocrité assurée.

Mais la foule est compacte dans cette voie facile ; on y est coudoyé et les rangs des voyageurs y sont si pressés qu'ils doivent, la plus grande partie du temps, stationner indéfiniment avant d'avancer de nouveau le pied pour effectuer un pas en avant, suivi d'un long arrêt.

Ce n'est point la difficulté du passage qui les arrête c'est la multitude de ceux qui se dirigent vers le même but.

Avant que les colonnes des derniers venus puissent s'ébranler de nouveau, il est nécessaire que ceux qui sont parvenus en tête aient fait une place.

Les uns, en arrivant à la fin du chemin, disparaissent dans la tombe, les autres entrent dans l'asile du repos qui est le terme des efforts de toute cette foule.

Alors seulement, un léger remous se produit et celui qui n'est pas d'une maladresse rare ou d'une indolence insigne, parvient à parcourir quelques pouces de terrain.

Cet effort, dès longtemps prévu, parfois différé mais jamais avancé, le rapproche insensiblement du but qu'il s'est proposé, sans enthousiasme, du reste, n'obéissant lors de ce choix qu'à un désir de sécurité et de tranquillité matérielle et morale.

Les alternatives sont bannies de ses aspirations ; il sait qu'il ne peut espérer autre chose qu'une médiocrité dont la forme est définie et se résoud par l'image très précise d'une existence dénuée d'imprévu.

Il n'ignore point qu'il ne peut hâter le terme fixé ni changer la nature d'une solution, que des fautes graves seulement pourraient ajourner ou définitivement supprimer.

Parmi les hommes composant ce troupeau de résignés, il se trouve parfois des sages.

Ce sont les hommes auxquels des revers personnels ou le spectacle des infortunes paternelles ont enlevé le goût du risque et qui préfèrent une vie simple, mais exempte des soucis du tourbillon, à un succès aléatoire menacé d'une retentissante défaite.

Les savants ou les gens studieux, constituent l'élite de cette foule.

Ils savent que, pour avoir le droit de se livrer en paix à leurs études favorites, ils doivent d'abord assurer la sécurité matérielle de leur vie et celle de leurs proches.

C'est pourquoi ils ont choisi la route qu'ils suivent sans secousse et sans autres soucis que ceux de l'effort quotidien.

Tout en marquant le pas ils travaillent ; ils préparent, en jouissant délicieusement du présent, le repos complet de l'avenir, qui leur permettra de se libérer de l'obligation de l'avancement quotidien, en les faisant entrer dans la sérénité, découlant d'une situation acquise, si modeste soit-elle.

Ils escomptent avec bonheur le jour où, leur vie matérielle assurée, délivrés de l'obligation de fournir un labeur impersonnel et ennuyeux, ils pourront s'adonner entièrement à l'étude dont la préoccupation emplit leur vie présente et élargit leur horizon.

Il arrive parfois que la question scientifique domine leur vie au point de ne plus leur laisser le loisir de suivre patiemment la troupe aux médiocres aspirations.

Ceux-là connaissent la bravoure du risque.

Ils bifurquent brusquement et, abandonnant le sentier sûr pour la route pleine d'embûches, ils s'élancent à la conquête de la renommée et à celle de la fortune.

A notre époque, l'une va rarement sans l'autre.

Les temps anciens sont riches d'histoires navrantes, dans lesquelles on nous montre les novateurs mourant de faim, en léguant à la postérité une invention destinée à enrichir leurs successeurs.

Nous sommes plus accessibles à l'amélioration, plus curieux de progrès que ne l'étaient nos ancêtres.

Au lieu de nous entêter à méconnaître un effort, nous aimons à le pressentir et dès qu'il se produit, nous sommes heureux de lui accorder le crédit de l'expérience.

Aussi peut-on affirmer que si, de nos jours, un inventeur ne recueille pas toujours la part exacte qu'il mérite, i aperçoit quand même sa fortune apparaître et s'accroître avec l'application de sa découverte.

L'industrie moderne voit tous les jours fleurir de ces nouvelles fortunes que la bravoure du risque a seule édifiées et qui s'augmentent rapidement grâce à la croissante hardiesse des protagonistes de l'idée.

Ceux-là sont les braves, ceux qui ont préféré courir le risque de la défaite pour avoir le droit de s'auréoler de la victoire.

. Mais ce serait mal les apprécier que de penser qu'en entamant la lutte, ils ne songeaient pas à mettre l'avantage de leur côté. Les hommes intelligents qui consentent à encourir des risques ne le font que lorsqu'ils ont tout mis en œuvre pour accroître la somme des chances qui leur sont favorables en diminuant celle des circonstances fâcheuses.

Ceux qui agissent autrement ne peuvent être considérés comme des braves; ce sont des étourdis. Ils réussissent rarement et leur succès est toujours éphémère, car la bravoure ne suffit pas pour assurer les bénéfices du risque.

Elle doit être étayée par le raisonnement et basée sur la vérité, sinon les résultats obtenus ne pourront être que fugitifs ou, tout au plus, fragmentaires.

. Ne voyons-nous pas tous les jours les preuves éclatantes de la puissance de réussite que peut avoir la bravoure du risque lorsqu'elle est la floraison magnifique d'un savant calcul, issu d'un raisonnement scientifique, dont les sciences exactes sont le point de départ ?

Quel est celui qui n'a point frémi d'émotion et d'orgueil

en voyant les premiers conquérants de l'air s'élancer dans l'espace et monter toujours plus haut et toujours plus rapides ?

Et quelle n'est point notre admiration en voyant de hardis novateurs accomplir des tentatives dont l'audace folle puise cependant sa source dans leur confiance en des données mathématiques !

L'aéronaute qui, le premier, s'aventura à *boucler la boucle* à plusieurs centaines de mètres de hauteur, ne fut qu'un magnifique apôtre de la bravoure du risque.

Les ignorants seulement ont pu le taxer d'étourderie.

Ceux qui *savent* ont jugé différemment son acte, car ils étaient au courant des recherches effectuées dans le sens de la stabilisation et ils connaissaient les chances de réussite que comportait ce geste inouï de bravoure.

Certes il fallait pour l'accomplir une âme bien trempée, une volonté d'acier, un sang-froid à toute épreuve et des qualités de volition hors ligne.

L'avenir l'a bien prouvé, car depuis cette époque, les noms de nombreux imprudents sont venus grossir le martyrologe des novateurs hardis et malheureux.

La bravoure du risque comporte deux sortes d'intrépidité.

Celle qui est l'apanage des guerriers et de ceux que l'on classe sous la dénomination de héros ; on l'appelle la valeur.

L'autre, que pratiquent ceux qui se lancent dans des entreprises considérables, dont la réussite exige des qualités de hardiesse combative.

Mais, dans l'un comme dans l'autre cas, la bravoure du

risque ne peut être encouragée que si l'on entame la lutte avec des raisons sérieuses de succès.

La valeur aveugle, celle qui conduit à l'écrasement glorieux, ne peut être considérée comme la véritable bravoure du risque.

Qui dit « risque », dit « chance aléatoire de succès ».

Il n'est pas douteux qu'un soldat se précipitant l'arme haute contre un détachement de vingt hommes, consomme un acte de bravoure, mais on ne peut en aucun cas invoquer la bravoure du risque, car il ne *risque* pas la victoire ; il ne *risque* pas sa vie non plus : il la *donne*, ou plutôt il la gaspille, sans profit pour l'idée au nom de laquelle il s'immole inutilement.

On portera le même jugement sur celui qui entreprendra une affaire sans posséder les éléments indispensables à la réussite.

Les uns le taxeront d'étourdi ; ce seront les plus indulgents. Pour la masse il sera un incapable ou un intrigant.

Il ne faudrait pourtant pas conclure de ce qui précède que la prudence exagérée est une vertu.

Lorsqu'elle engendre la timidité ou les scrupules mesquins, elle est toujours l'ennemie des entreprises florissantes, car elle ne comporte aucune bravoure et n'admet aucun risque.

Est-ce à dire qu'elle connaît toujours le triomphe ?

Pas davantage.

La prudence peureuse est l'ennemie des belles réalisations, car elle ne comporte que des résolutions atrophiées et des actes inachevés.

« Les petits bateaux, dit un proverbe, sont condamnés

à suivre la rive, les grands bateaux seulement ont le droit d'affronter la haute mer. »

On pourrait commenter cet axiome en ajoutant que les petits bateaux, s'ils ne sont point dirigés par une main ferme, ne résistent guère à la tempête.

Ils courent donc autant de risques mauvais sans avoir le droit de prétendre aux risques glorieux, ni même aux risques lucratifs.

Les grands, au contraire, peuvent être des instruments de fortune et de triomphe pour le pilote habile qui, bravant le risque des ouragans, les maintiendra sur la route qui conduit au port.

Celui qui veut réussir doit savoir discerner l'opportunité du risque, et, dès qu'il en est pénétré, faire appel aux qualités de bravoure qui doivent être l'apanage de tous ceux qui, décidés à parvenir à la fortune, ont puisé dans l'étude de l'énergie et de la raison les principes hardis qui inspirent les heureux achèvements.

CHAPITRE VI

S'affranchir des poids morts

Les poids morts ou les poids inutiles sont de deux sortes :

Ceux que l'on pourrait appeler « moraux », car ils résident dans une obligation fictive, dont l'accomplissement entrave, si elle ne la compromet définitivement, la carrière de celui qui s'en embarrasse.

Les seconds consistent en charges matérielles que l'on s'impose par une fausse conception des devoirs ; ils sont destinés à paralyser toute initiative hardie et à nuire sans rémission à un avenir qui, sans ce fardeau hostile au progrès, s'ouvrirait brillant et large devant celui qui l'aborde.

Les poids morts du genre intellectuel, adoptent généralement la forme de certains préjugés, qui, très vénérables à leur origine, ne peuvent plus à notre époque être considérés autrement que comme le résultat d'une morale périmée.

Celui qui ne sait point s'en affranchir, s'interdit pour toujours l'élan qui conduit aux sommets.

Forçat des conventions désuètes, il traîne dans la vie le boulet des théories hors d'usage et sa marche vers le succès se trouvera entravée et retardée par ce poids, dont

la lourdeur le forcera à produire un effort d'autant plu[s]
considérable qu'il doit être constamment renouvelé.

Celui qui veut réussir doit savoir faire la part des pré[-]
jugés qu'il est bon de vénérer, en abandonnant résolumer[t]
ceux qui représentent la morale d'un autre âge et consti[-]
tuent, à l'heure qu'il est, une hérésie dont les conséquen[-]
ces peuvent être redoutables pour le succès.

Loin de nous la pensée de conseiller l'affranchissemer[t]
des délicatesses de conscience et des devoirs qui son[t]
quelquefois la raison de vivre et souvent celle de lutter [et]
de vaincre.

On interprète généralement d'une façon erronée l'émar[-]
cipation d'esprit classée sous la rubrique : affranchisse[-]
ment des préjugés.

Nombreux sont ceux pour lesquels cette définition n'e[st]
qu'un euphémisme, stigmatisant une tendance à mécor[-]
naître les principes rigoureux de la droiture.

Certaines gens disent : « Il n'a pas de préjugés » d[u]
même ton et dans le même esprit qui leur fait ajouter[:]
« Il vit en marge du code ».

Eh bien non ! mille fois non !

La comparaison est injuste et l'observation d'une faus[-]
seté criante.

D'abord, qu'est-ce qu'un préjugé ?

Si l'on veut s'en tenir à la définition rigoureuse du mo[t]
on trouvera qu'il éveille l'idée d'une sentence portée avan[t]
le jugement.

Il peut donc avoir une influence toute puissante sur le[s]
décisions qui en découlent.

Partant de là, c'est le fruit d'un jugement porté avec

ne certaine légèreté, sans qu'un examen sévère ait pré-
idé à la sentence.

C'est une prévention plaidant pour ou contre la chose
qu'elle condamne ou approuve implicitement.

Or la prévention, nous le savons, a pour objet de dis-
poser l'esprit plus ou moins favorablement au bénéfice ou
au préjudice de la cause dont il est question.

Par ce rapide examen, il est facile de voir que le pré-
ugé est bien loin d'être la base d'une morale immuable.

Se libérer des préjugés n'équivaut pas à transiger avec
es lois de l'honnêteté.

C'est simplement s'affranchir de celles qu'une routine
désuète ou une hypocrite morale voudraient nous imposer
encore.

Celui qui « vit en marge du code » est un aigrefin
digne de tous les mépris.

L'autre, qui refuse d'encombrer sa vie par des prati-
ues dignes d'un autre âge, est un audacieux et un sage.

Que penserait-on d'un homme qui refuserait de revêtir
les vêtements nouveaux pour conserver un habit de coupe
idicule, sur lequel le temps a inscrit son passage en ta-
hes désobligeantes et en accrocs, restés visibles, malgré
es plus consciencieuses reprises ?

Il faudrait que sa valeur personnelle fût immense pour
qu'on le tolérât dans les milieux civilisés, et il n'est pas
douteux qu'à mérite égal, on préférera celui de ses collè-
ues dont l'extérieur n'est ni ridicule ni loqueteux.

Il est des préjugés qui furent autrefois des axiomes de
sagesse et qui, de nos jours, ne sont plus qu'un poids
inutile et déprimant.

Il en est d'autres qui visent une sentimentalité hors de propos et sont destinés à faire des victimes de ceux qui poussent les scrupules jusqu'à les respecter intégralement

Nous allons, si vous le voulez bien, prendre deux exemples identiques, nous pourrions dire vécus, car les deux cas dont nous allons parler se sont produits et les héros n'ont pas disparu de la scène du monde.

Hâtons-nous de dire qu'il ne s'agit pas d'exceptions et que nous coudoyons tous les jours dans la vie, des personnes qui se trouvent dans la situation dont nous allons parler.

Deux jeunes gens, camarades d'études, se sont trouvés en même temps dans la position suivante :

Ils restaient seuls à vingt ans avec une mère, sans aucune ressource.

Le problème consistait donc (car ils ne possédaient bien entendu aucune fortune) à remplir leur devoir de fils dans la mesure la plus noble du mot.

L'un d'eux, d'une nature assez faible, ne put résister au préjugé de la sentimentalité.

Sa mère, créature dénuée d'énergie, ne pouvait supporter l'idée de vivre seule ; or, s'exagérant son devoir, il n'essaya point de la persuader de l'importance que peut avoir son entière indépendance pour un homme qui commence sa carrière.

Il dut donc organiser sa vie de façon à la partager entre les soins du labeur quotidien et celui du mesquin et besogneux ménage, où le retenait l'égoïsme inconscient de la tendresse maternelle.

Les années passèrent ; des situations brillantes s'offrirent à l'étranger ; mais sa mère ne voulait point s'éloigner de la tombe de son mari et ne tolérait pas la pensée d'une séparation.

Il n'osa point passer outre et parvint à l'âge mûr, marquant le pas dans un emploi sans horizon, vieilli avant le temps par des soucis qui lui venaient des embarras d'argent, s'épuisant en efforts pour aboutir à une existence médiocre, que n'auréolait même pas le sentiment du devoir vaillamment accepté et fermement rempli, car sa mère, aigrie par les privations, ne perdait pas une occasion de lui rappeler la gêne de leur situation, qu'elle imputait à l'insuffisance de son fils, au lieu de s'avouer que son égoïsme seul en était la cause.

Elle avait même parfois l'inconsciente cruauté d'établir un parallèle désobligeant entre lui et son camarade, qui, lui, au moins, affirmait-elle dans son illogisme, avait su faire à sa mère une existence heureuse et dénuée de soucis.

Ce dernier, en effet, ne s'était point embarrassé du préjugé sentimental.

Sans se laisser inutilement attendrir, il regarda la vie en face et fit comprendre à sa mère que leur bonheur à tous deux reposait sur une résolution virile.

Il accepta à l'étranger une situation rémunératrice, qui lui permettait d'assurer de loin la tranquillité matérielle de sa mère, tout en lui laissant la latitude de développer ses facultés d'intelligence.

Pourtant, son amour filial n'était pas moindre que celui dont son camarade était animé et, lorsque, quelques années plus tard, il put songer à créer un foyer, son premier soin fut d'y donner à sa mère une place confortable et douillette.

Lequel de ces deux hommes faut-il louer ?

Celui qui, traînant le poids mort du préjugé sentimental, vécut, pour obéir à de fallacieuses exigences, une existence qu'il n'eut pas le pouvoir de rendre aimable à celle pour laquelle il se l'imposait ?

Ne convient-il pas, au contraire, d'approuver le second qui, dédaignant l'inutile fardeau, sut, en vivant sa vie, fleurir celle de la créature qu'il aimait ?

On pourrait encore citer l'observation suivante, qui est une réelle leçon de choses :

Deux jeunes gens se trouvent, à la mort de leur père, en face d'une dette entachant la mémoire de ce dernier ; cette dette, hélas ! constitue tout leur héritage.

Elle leur est complètement étrangère et ils n'en sont pas matériellement responsables.

Cependant leur loyauté s'émeut et tous deux désirent laver le souvenir de leur père de ce qu'ils considèrent comme une souillure.

Le premier, esclave des préjugés et vassal de l'opinion publique, sans se soucier de sa pénurie présente, déclare fièrement qu'il accepte cette dette comme la sienne et prend pour acquitter sa part des engagements écrasants, que toute sa vie il traînera comme un boulet dont la lourdeur entraînera sa marche vers n'importe quel accomplissement.

Mais avec le temps, la magnificence de son geste s'atténue, voilée par les grisailles des soucis et les humiliations de la pauvreté.

Pour les ignorants ou les oublieux, il cesse d'être un héros, mais un personnage falot, un nécessiteux, dont malgré soi, on se défie un peu, car les sympathies s'éloignent de celui qui pourrait devenir un quémandeur.

Courbé sous ce faix, il passe ainsi sa jeunesse sans en cueillir les fleurs.

Quand il est enfin libéré, il regarde autour de lui : c'est l'hiver. Et il soupire douloureusement, en pensant que la triomphante saison ne reviendra plus et qu'elle lui a en vain offert ses dons éclatants.

L'autre, celui qui n'entend pas s'embarrasser des poids morts, a une conception différente de la loyauté.

Il renonce à attacher sur ses épaules dès le début de sa vie, le fardeau de la dette paternelle.

Cependant il n'oublie pas, mais au lieu de faire de cette préoccupation une entrave, il la convertira en but.

Allégé des faux préjugés qui assombriront pour toujours la vie de son ami, il part et s'élance au combat pour la vie.

C'est seulement plus tard, lorsque ses efforts, dont rien n'est venu arrêter la marche, furent couronnés de succès, qu'il songe à distraire de la fortune acquise une portion destinée à éteindre la dette paternelle.

Son geste, qu'on n'attendait plus guère, fut qualifié de sublime par les créanciers étonnés.

Oubliant l'obscure abnégation du frère, dont la vie fut consacrée à ce devoir, ils négligent d'admirer un sacrifice qui s'est traduit par des paiements insignifiants, pour magnifier l'acte de celui qui leur remet tout à coup une somme importante *qu'il ne leur devait pas.*

Mais, dira-t-on, l'autre frère non plus ne la devait pas
Si, puisqu'il s'était engagé à la payer.

A partir du moment où il s'était substitué à son père
les esprits sont ainsi faits que sa dette, pour volontair
qu'elle fût, n'en fut pas moins considérée comme un
dette personnelle, soumise à toutes les conséquences de
engagements de la sorte.

Dans ces conditions, quel mérite avait-il vis-à-vis de
es prits superficiels à remplir un devoir auquel il ne pou
vait se soustraire ?

Il arrive aussi que la dette n'est point le résultat d'un
obligation contractée par devoir.

Dans ce cas, le poids mort s'additionne de tous ceu
qui viennent inévitablement s'y joindre.

La dette personnelle est une servitude, sous laquelle le
plus fiers sont obligés de se courber, abandonnant peu
peu le sentiment de dignité qui doit animer tous ceux qu
veulent réussir.

La dette engendre la déloyauté, car elle crée toujour
l'obligation de mentir.

Les débiteurs doivent s'humilier devant leurs créan
ciers, leur faire des promesses qu'ils ne sont pas certain
de tenir, s'ingénier à les apaiser et s'étudier à les fléchi
pour en obtenir un nouvel emprunt.

A ce jeu, la noblesse d'âme s'atrophie, les plans du bie
et du mal se déplacent et l'avilissement moral fait tous le
jours un progrès, qu'on ne peut percevoir de suite, et qui
par cela même, devient rapidement une habitude acquise

Tous les jours bientôt, le poids s'accentue, car le cré
dit rend les tentations plus fréquentes.

Ils sont rares ceux qui ont eu l'énergie de revenir sur leurs pas s'ils se sont une fois engagés dans le chemin de la dette.

Que deviennent dans tout ceci les possibilités de réussite?

Est-il nécessaire de dire qu'elles se diluent insensiblement, jusqu'au moment où elles disparaissent sans esprit de retour?

Celui qui veut réussir doit se pénétrer de ce principe : La dette est un poids qui, non seulement paralyse les efforts, mais ne manque jamais d'écraser ceux qui sont assez fous pour l'attacher à leur personne.

On peut toujours éviter de contracter des dettes, surtout lorsque l'on doit avoir à se débattre avec les difficultés des débuts.

Agir autrement, c'est courir vers l'atténuation du sentiment de dignité, bien proche parent de la dégradation morale.

Il est encore un préjugé contre lequel on ne saurait se mettre en garde et qu'on peut ranger hardiment dans la catégorie des poids morts, dont une morale désuète encombre volontiers la vie des aspirants à la réussite.

C'est le préjugé du mépris de l'argent.

« On n'a pas besoin d'argent pour être heureux. »

« L'argent ne fait pas le bonheur », etc., etc...

Cela a pu être vrai autrefois, lorsque les conditions de la vie étaient moins sévères et les rangs des candidats moins serrés.

Pourtant, celui qui, de nos jours, fait voile vers la réussite en emportant le poids de ce préjugé, part dans des conditions d'infériorité incontestables.

Mais si, l'argent fait le bonheur ; ou tout au moins il y contribue dans une large proportion.

Il faut posséder de l'argent pour avoir le droit de diriger sa vie du côté où l'on se complaît.

Il faut avoir de l'argent pour attendre une solution désirée.

Il faut avoir de l'argent pour préserver la dignité de sa vie.

Enfin, on doit en convenir sans hypocrisie, il faut avoir de l'argent, car, d'une manière générale, à notre époque, l'argent est devenu le pivot de toutes choses.

Sans argent on ne peut se soigner à temps pour entraver le cours d'une maladie, qui, en se prolongeant, peut détruire l'harmonie de l'existence.

Sans argent on ne peut attendre l'occasion favorable et on en est réduit à se contenter d'une part médiocre.

Sans argent on ne peut prétendre à l'indépendance du travail et encore moins à celle de la vie.

Voilà pourquoi celui qui veut réussir doit rejeter ce poids mort du préjugé contre l'argent, avec le même empressement qu'il mettra à se débarrasser de celui qui prône l'effacement et la timidité.

Le siècle présent a fait justice de l'erreur qui classe ces deux états sous le nom de vertu.

On a reconnu trop souvent qu'ils n'étaient que la résultante de la méfiance de soi-même, alliée à une vanité, à la fois puérile et farouche.

Nous avons tout à l'heure parlé de la fausse sentimentalité et nous disions quel poids mort elle représentait lorsqu'il s'agissait de la famille.

Elle devient un danger véritable pour l'homme qui, n'étant encore que candidat à la réussite, embarrasse sa vie des soucis d'une liaison ou d'un mariage, que sa situation rend prématurés.

Que d'essors ont été brisés par les soucis du ménage, légitimes ou non, et par les exigences matérielles d'une vie de femme, venant se greffer sur celle du débutant !

On ne doit songer à fonder un foyer que lorsqu'on est en mesure d'offrir à sa famille future un abri certain et une protection que les contingences ne peuvent atténuer ou transformer, suivant les fluctuations d'une fortune, qui n'est encore que problématique.

Mais, dira-t-on, que devient la vie d'un homme si le sentiment très doux de l'amour ne l'auréole pas ?

C'est dans ce sentiment, au contraire, qu'il puisera la force d'accomplir sa tâche.

En différant l'union qui, dès ses débuts, ne peut être qu'un terrible poids, il en fera le but, avidement poursuivi, doucement caressé, dont la représentation sera l'image consolante, la lumière vers laquelle il orientera ses efforts.

Les luttes lui sembleront moins âpres s'il entrevoit le prix de la victoire sous la forme qui lui est chère.

Il sera moins tenté de les éviter s'il est seul en jeu et s'il ne craint point de voir les coups atteindre ceux dont l'existence dépend de lui.

Tout seul il saura mettre en avant les qualités d'audace et de résolution qui doivent animer celui dont la réussite est le but, et c'est lorsqu'il sera vainqueur seulement, qu'il songera à faire participer à son triomphe celle dont la présence à ses côtés aurait pu, lors du combat, entraver ses mouvements ou, tout au moins, lui enlever la hardiesse des élans qui lui ont permis de multiplier les attaques et de précipiter les décisions relatives à la défense.

Il arrive cependant, que la compagne soit un auxiliaire précieux et un combattant redoutable.

Mais celui qui fait un pareil choix doit s'être déjà affranchi des préjugés qui jusqu'alors ont fait de la femme un poids mort dans la bataille de la vie.

C'est dans ce cas surtout qu'il prouvera par le souci de cette sélection sa haine du préjugé et sa volonté bien affirmée de dédaigner les poids morts.

CHAPITRE VII

Fuir l'esclavage des sens

Il n'est de pires despotes que les sens, lorsqu'on ne sait point les maîtriser.

La situation d'esclave ou celle de maître, telle est la seule alternative offerte à l'homme.

Ou il sera le vainqueur des aspirations qu'il juge pernicieuses pour l'harmonie de son existence, ou il se laissera lâchement asservir par elles.

Mal dominées, elles deviendront rapidement des habitudes qui envahiront sa vie comme un flot montant qu'il lui sera impossible d'endiguer.

Il serait pourtant bien facile, dès l'apparition de la première vague, d'élever un barrage refoulant les eaux dans une direction contraire ; mais si au lieu de produire immédiatement l'effort nécessaire, on néglige le danger naissant, l'obstacle devient si difficile à construire qu'on hésite la plupart du temps à commencer l'entreprise.

On la mène à bien parfois, mais si l'on n'a pas su s'y prendre à temps, la mesure est rarement définitive et les volontés défaillantes se lassent vite de ce travail, constamment détruit et sans cesse renouvelé.

Il est très peu d'hommes qui sachent résister à l'envahissement d'une habitude agréable, bien que dangereuse.

On trouve pour y céder toutes sortes d'arguments plus spécieux les uns que les autres, et l'on aime à se leurrer de raisons mensongères dont on est rarement entièrement la dupe.

C'est le cas de la plupart des fumeurs invétérés qui aiment à se persuader que le tabac est un stimulant pour l'esprit ; il en est qui se prétendent incapables de penser d'une façon fructueuse s'ils ne se trouvent point au centre du nuage produit par leur cigare ou leur cigarette.

Il est vrai que, suivant les besoins de la cause, ce stimulant devient facilement un stupéfiant et ils assurent non moins sérieusement que l'usage du tabac calme les douleurs qu'ils ressentent.

Ceux-là sont généralement ceux qui souffrent des inconvénients occasionnés par la nicotine et sont heureux de se donner à eux-mêmes une excuse à laquelle ils ne croient qu'à demi, mais qui leur permet de ne point convenir de leur manque de volonté.

La même observation pourrait être faite au sujet des morphinomanes ou des alcooliques.

Elle devient même douloureusement vraie dans certains cas et la suppression du poison est parfois la cause de graves désordres dans l'organisation de ceux qu'il tue lentement, mais avec certitude.

Il suffirait cependant d'un atome d'énergie pour enrayer les effets de ces funestes habitudes.

Si, dès la constatation du besoin causé par l'accoutumance, on songeait à doucement résister, on arriverait aisément, sans secousse aucune, à la modération qui permet de goûter complètement un plaisir, sans en redouter les conséquences.

« Toutes les passions sont bonnes, a dit Rousseau, à condition d'en rester le maître. »

Elles deviennent fâcheuses lorsqu'on ne sait point leur assigner de limites précises.

Elles sont néfastes dès qu'elles tyrannisent l'existence, au point de devenir un besoin aussi nettement dessiné que ceux qui régissent les conditions vitales.

Celui qui les laisse ainsi grandir en lui doit abandonner toute idée de réussite.

Il n'est plus une créature pensante, raisonnante et agissante, c'est un fantoche soumis à tous les caprices que lui suggèrent les besoins artificiels qu'il s'est créés.

Que peut-on attendre d'un homme dont les vapeurs de l'alcool obscurcissent le cerveau, à moins que la privation de son habitude favorite ne le laisse dans un état d'affaissement, qu'il combat en retombant dans son vice ?

Tous ceux qui se livrent à ces excès, parcourent sans trêve le cycle infernal qui va de la stupeur à l'ivresse : déprimés ou surexcités hors de raison, ils se trouvent, à mesure que la passion les envahit, de plus en plus rarement dans leur état normal et ne sont plus accoutumés à s'y complaire.

Le succès ne les visite guère que dans les songes de leur esprit enfiévré et le réveil leur est si pénible, qu'ils se hâtent de se plonger de nouveau dans la rêverie trouble qui, peu à peu, domine leur existence.

Le seul moyen d'échapper à cet esclavage avilissant est de le fuir dès qu'on le sent apparaître.

Une certaine dose de volonté, un raisonnement serré
un dérivatif sérieux auront tôt fait de rétablir la juste pr
portion des choses.

Il en sera de même pour ceux qu'un penchant trop pr
noncé à la sensualité dispose mal à la lutte indispensab
pour l'obtention du succès.

Dans aucun cas la vassalité de l'homme ne s'affirme d
vantage que lorsqu'il se laisse dominer par la recherch
exagérée de la volupté.

La raison, l'énergie, les nobles résolutions et, trop so
vent hélas ! la dignité, sont autant de proies que l'homn
asservi par la sensualité jette en pâture à ce qu'il appel
l'amour et qui n'en est que l'odieux pastiche.

L'amour est fait de nobles sentiments, de générei
élans et de résolutions viriles.

La sensualité grossière n'est souvent que le résultat d
la maturité des sens, précédant celle de la raison.

Elle est parfois la conséquence d'une éducation mal
droite, qui, en enveloppant les rapports des sexes d'u
voile mystérieux, laisse les jeunes imaginations errer ve
des images sensuelles, dont la trop fréquente reprodu
tion engendre des tendances au libertinage moral.

La lutte avec les instincts matériels en devient d'auta
plus rude, qu'elle est dégagée de tout principe de hau
morale, attachant l'idée de postérité au geste reprodu
teur.

On l'a dit bien souvent :

L'instinct sexuel contient en lui ce que la nature hu
maine représente de plus noble, comme il peut résumer
qu'elle a de moins élevé et de plus grossier.

Il représente pour ceux qui subissent l'esclavage des sens les instincts qui nous sont communs avec les animaux.

Mais pour ceux qui savent s'en affranchir et asservir l'instinct sexuel à la noblesse de leurs aspirations, il conduit à une évolution supérieure, en transformant les nécessités physiologiques en admiration vivace et en une recherche fertile du sentiment de beauté.

L'entraînement sensuel subit presque toujours l'influence qui lui est imprimée par les éléments de la personnalité.

Brutal chez les gens dénués de délicatesse, alangui chez ceux qui s'adonnent volontiers à la rêverie, immodéré chez les faibles, il ne devient modéré que chez ceux auxquels la maîtrise de soi permet de raisonner et d'endiguer des aspirations qu'ils considèrent comme entachées de bassesse.

Quoi qu'on en ait pu dire, la chasteté ne fut jamais un obstacle à l'extension de la vie mentale.

Mais la sensualité, lorsqu'elle n'est pas dominée par la raison, peut devenir une cause d'anéantissement de la liberté morale individuelle, car elle favorise la fusion en une individualité étrangère dont les instincts s'associent si étroitement que la personnalité propre se laisse déterminer par eux.

Le premier degré de l'asservissement aux plaisirs des sens est la complaisance que l'on met à évoquer un état de sentimentalité vague, dont le moindre inconvénient est l'évocation d'images, dont la fréquente reproduction devient un stimulant dangereux pour le repos des sens.

Les lectures érotiques engendrent également une sug-

gestion dont la satisfaction matérielle conduit rapidemen
à une exaspération sensuelle, qui ne laisse point à la rai
son la place prépondérante qu'elle devrait occuper.

Bientôt des désordres physiques se produisent, accom
pagnés de symptômes de faiblesse morale.

La mémoire s'émousse, l'attention ne se fixe plus, le
émotions grossières remplacent peu à peu les aspiration
élevées ; la conscience s'embrume et ne parvient plus
distinguer la passion élevée d'un libertinage grossier e
déprimant.

Est-il besoin d'ajouter que, dans cette occurrence, l
belle et saine joie venant du travail projeté et celle que dis
pense une heureuse réalisation deviennent de plus en plu
rares?

Celui qui subit l'esclavage de la sensualité perd e
même temps le goût du labeur ; il ramène toutes ses as
pirations aux seules fins, capable de satisfaire ses instinct
bas, car le désir des plaisirs violents et d'une qualité infé
rieure est le seul moteur qui ait le don de lui faire pro
duire un effort.

Dans le nombre des passions dont la puissance est par
ticulièrement dominatrice, il faut encore compter l'amou
exagéré de la table.

Il n'est point question ici de préconiser le régime de
anachorètes, mais on conviendra volontiers qu'une nour
riture trop abondante et trop habituellement recherché
est la cause de toutes sortes de malaises, sources fréquen
tes d'insuccès.

Prenons deux hommes qui, pour parler d'une affaire
se sont réunis dans un dîner.

L'un est sobre, sans exagération ; il satisfait largement son appétit et ne tombe dans aucun excès.

Le second, esclave de ses sens, se laisse aller au plaisir de la gourmandise et vide coupe sur coupe.

Quel est le résultat inévitable — on pourrait dire mahématique — de cette entrevue ?

Le premier se trouve, après le repas qui lui a rendu des forces nouvelles, dans un état de supériorité incontestable.

L'intempérant, au contraire, devient un être dont la mentalité s'éloigne de la normale.

Suivant la nature des influences qui l'assiègent, il devient affaissé, taciturne ou violent.

Son état se manifeste parfois par un enthousiasme hors de propos, qui lui fait accueillir sans les examiner les propositions de son interlocuteur.

S'il a affaire à un homme peu délicat, profitant de cet état passager pour lui faire prendre de sérieux engagements, il se réveillera, le lendemain, avec la vision d'une situation dont les complications peuvent entraîner pour lui des difficultés sans nombre.

Mais en admettant que les choses aient été poussées moins loin, on ne pourra cependant nier l'infériorité que peut avoir dans une discussion sérieuse, celui dont le cerveau est obscurci par les fumées de vins capiteux et le corps endolori par la fatigue d'une digestion laborieuse.

Quelle que soit la nature de la sensualité, elle est un obstacle auquel celui qui veut réussir se heurtera toujours, s'il ne sait le supprimer.

Le moyen le plus certain est d'en élever d'autres, plus solides, s'opposant à l'accroissement du premier.

L'étude de la maîtrise de soi doit être la principa[le]
préoccupation de tous ceux qui sont décidés à tenter [la]
réussite, en mettant de leur côté toutes les chances [de]
succès.

Toute victoire remportée sur la tyrannie des sens est u[n]
chaînon destiné à s'ajouter à chacun de ceux dont e[st]
composée la série évolutive qu'il faut parcourir avant d[e]
trouver la réalisation souhaitée.

C'est la maîtrise qui laissera la latitude de s'amélior[er]
par le raisonnement d'abord et par l'accomplissement de[s]
sages résolutions qui en découlent ensuite.

L'influence de la vie régulière est parfaite pour l'acqu[i]
sition de la morale individuelle.

Elle aide à la formation de la liberté d'esprit en enge[n]
drant les possibilités d'accroissement dans le sens d[u]
mieux.

Elle est encore la complice la plus précieuse de l'acti[-]
vité mentale qui, mal à l'aise au milieu des préoccupation[s]
baroques encombrant l'existence irrégulière, se plaît dan[s]
l'atmosphère reposante de la vie, dont chaque phase e[st]
prévue et réglée d'avance.

Il serait mauvais cependant, de laisser cette régularit[é]
s'étendre jusqu'à la monotonie, car l'ennui est un consei[l]
ler pernicieux.

Une répétition exagérée et servile des mêmes geste[s]
produits à des heures pareilles, est quelquefois dangereuse[,]
car elle peut amener un penchant à la manie, dont le ré[-]
sultat serait le rétrécissement des idées et l'abaisseme[nt]
de la qualité des aspirations.

Il importe donc d'installer la régularité dans la vie, san[s] omettre de laisser la place à une fantaisie sagement disciplinée, sans jamais perdre de vue la condition de l'évolution par laquelle l'homme intelligent se distingue des créatures inférieures : l'empire sur soi-même.

Les plaisirs artistiques et intellectuels seront recherchés comme un délassement de prédilection, car ils sont de nature à canaliser les enthousiasmes vers des aspirations propres à endiguer l'animalité des passions.

L'homme qui veut réussir doit avant tout se préserver des entraînements d'une camaraderie n'appartenant point à l'élite.

La débauche est regardée avec trop d'indulgence par certaines gens qui s'y plaisent à trouver une marque de virilité, alors qu'elle est, au contraire, le signe le plus probant de la faiblesse, qui ne permet pas de lutter contre l'instinct.

Celui-là seul fait preuve de virilité qui sait triompher des appétits vulgaires en les dominant, au point de ne jamais les laisser prendre une place sérieuse dans sa vie.

La bataille est quelquefois rude, mais celui qui veut réussir sait s'armer de l'énergie et de la raison pour combattre le bon combat.

Il fuira toutes les causes de surexcitation, aussi bien celles qui viennent de l'abondance d'un régime trop substantiel que celles qui peuvent résulter de l'absorption de boissons alcoolisées ou de l'usage immodéré de parfums trop capiteux.

Il évitera avec le même empressement la chaîne qui le riverait aux habitudes funestes, résultant de l'usage des stupéfiants.

La maîtrise de soi ne peut être obtenue par celui qui se
plaît dans une coutume déprimante ; tout au plus peut-il
espérer voir quelques éclairs de volonté sillonner la brume
de son intelligence.

Mais ces efforts, dont l'intermittence se fera de plus en
plus espacée, deviendront bientôt des manifestations sans
but, car la raison ne se complaît point dans les cerveaux
obscurcis et déprimés.

Enfin, l'homme qui veut réussir écartera de sa pensée
les rappels d'images propres à faire surgir en lui une surexcitation malsaine ou des suggestions dont la nature
troublerait la placidité de son raisonnement.

Il s'appliquera aux exercices corporels, car la pratique
habituelle des sports amènera une saine fatigue et un som-
meil sans rêves.

Il s'efforcera de donner à sa vie la direction idéale, dont
la poursuite empêchera l'instinct de s'étendre jusqu'à aboutir au vertige des sens.

Il cherchera à provoquer en lui la naissance des passions
dont la culture développe la noblesse des sentiments.

Il en fera les forces dont il se servira pour étayer la
sienne afin de conquérir les virtualités nécessaires à la
conquête qu'il veut réaliser.

Il s'appliquera à entretenir l'activité mentale qui lui est
échue et à l'alimenter par une chaude sympathie pour
tout ce qui peut rapprocher du progrès.

Il vivra, au lieu de se laisser vivre, et, devenu le maître
de ses aspirations, il pourra regarder les passions en face
et en dégager la beauté, au lieu de se laisser asservir par
le côté sensuel qu'elles présentent.

L'amour sera pour lui une apothéose, alors qu'il aurait pu devenir le prétexte d'une chute vers l'animalité.

Enfin, réconforté, agrandi par la maîtrise de soi-même, il pourra, délivré de l'esclavage des sens, se tourner vers l'avenir, et s'écrier avec Pascal :

« Qu'une vie est heureuse, qui commence par l'amour et qui finit par l'ambition. »

CHAPITRE VIII

La prépondérance du raisonnement

Le raisonnement doit être considéré comme l'opération mentale centralisant toutes les déductions, dans le but d'en tirer les conclusions qu'elles inspirent.

Pour être marqué d'impeccabilité, le raisonnement doit reposer sur trois points principaux :

La relativité ;

L'opportunité ;

Les contingences.

L'unité de raisonnement ne peut exister sans prendre le nom d'intransigeance.

Il doit évoluer avec les époques, les faits, les personnages, les circonstances, etc., etc...

Pour être de bon aloi, il doit représenter, non pas une opinion, mais une synthèse de déductions, provenant des observations que suggèrent les divers états des objets sur esquels il est question de porter un jugement.

C'est cette diversité qu'on nomme relativité.

Il est bien certain que celui qui veut réussir dans l'industrie ne peut pas raisonner de la même façon que celui ui s'adonne à la science ou au barreau.

Il leur est donc impossible de se servir d'arguments

identiques, car l'âme du commerçant ne peut être ce
d'un avocat.

Il est indispensable que la diversité de leurs vues cr
une différence d'opinions, sinon l'un ou l'autre ne ser
point dans la vérité.

Nous n'employons pas ici le mot vérité dans son se
propre.

Il y a bien des sortes de vérités.

Il en est qui, immuables dans le fond, deviennent da
l'application de véritables erreurs sociales.

Celui qui voudrait se conduire d'après les principes
la vérité pure, sans admettre la question de relativité, s'
gagerait dans la voie d'un insuccès inévitable.

N'est-on pas forcé, à chaque instant du jour, de ma
quer cette vérité du fatras des circonlocutions pour
point tomber dans une erreur d'attitude qui ne serait gu
pardonnée ?

Que penserait-on de l'homme qui dirait à son associ
« Nous faisons un traité et je tiens à ce qu'il soit co
truit suivant les règles, car si je ne possédais pas vo
signature, vous pourriez manquer à votre parole. »

On le prendrait assurément pour un malotru et il ne
trouverait personne qui désirât s'engager avec lui, da
des conditions aussi outrageantes ?

Pourtant, le traité lui-même n'est pas autre chose
le commentaire de cette apostrophe malsonnante et
cun homme d'affaires ne songe à prendre en mauva
part la proposition qui lui est faite, de fixer par un a
authentique des conditions débattues et acceptées ver
lement.

S'il hésitait, la partie adverse ne manquerait de lui faire comprendre, par des arguments pleins de courtoisie, que la parole ne suffit pas lorsqu'il s'agit d'intérêts sérieux.

Et dans ce traité la vérité ne sera pas la même pour chacun des signataires.

L'un trouvera dans une clause un avantage que l'autre dédaignera et vice versa. C'est la loi de l'offre et de la demande, basée sur la relativité des besoins.

Ce qui semble désirable à l'un paraît négligeable au second et ce qu'il traite de vérité est souvent taxé par le premier de réalité discutable.

La société est semblable aux objets que l'on examine à l'aide d'une lorgnette ; suivant le côté par lequel on les regarde, on les verra trop proches, ou si lointains, que les détails paraîtront non existants et, partant de là, seront susceptibles d'être qualifiés d'erreurs.

Le raisonnement consiste donc surtout dans l'art de discerner la véritable portée des choses et leur vérité relative.

On connaît certains médicaments qui, souverains dans bien des maladies, peuvent être funestes s'ils sont employés dans les cas contraires.

Il est cependant prouvé que l'efficacité de ces remèdes n'est pas un mensonge, et celui qui porterait ce jugement émettrait un faux raisonnement.

Celui qui dirait : « Telle médication est malfaisante », commettrait la même erreur que s'il assurait qu'elle est invariablement bienfaisante.

Il en est de même de la façon de se comporter vis-à-vis de différentes personnes.

Avec les uns la brutalité est nécessaire ; d'autres ne sont conquis que par la douceur.

Comment saura-t-on judicieusement employer l'un ou l'autre de ces moyens si on n'a pas cultivé le raisonnement sous le rapport des relativités ?

C'est dans les romans d'autrefois ou dans les drames périmés que les personnages étaient tout d'une pièce et classés sous une dénomination imagée.

Le traître était incapable d'un sentiment qui ne fût point entaché de noirceur.

L'ingénue était toujours injustement persécutée.

Et chacun de ceux qui se mouvaient dans l'action portait comme une étiquette son caractère qui ne fléchissait jamais.

Il n'en va guère de même dans la vie.

Il est peu de traître dans le cœur duquel une petite fleur bleue ne s'épanouisse pas, et nombre d'ingénues sont capables de ruses, dans lesquelles la candeur ne joue qu'un rôle très effacé.

On le voit, la question de relativité est primordiale dans la pratique du raisonnement.

Celui qui voudrait l'écarter ne parviendrait jamais à asseoir son jugement sur une base solide et ne devrait en aucun cas prétendre à en faire le point de départ d'une réalisation.

Lorsqu'on se sera suffisamment exercé à fixer le rapport des choses, on devra penser à l'importance de l'opportunité.

Il fut des gestes, autrefois admirés, qui courraient risque de n'attirer maintenant qu'un sourire désapprobateur.

Un proverbe arabe dit :

« La poésie est belle et les mots délicats ont leur prix, mais chaque chose doit venir en son temps pour être appréciée. »

En n'observant pas l'opportunité, on ne pourrait échafauder aucun raisonnement solide.

Entre le sublime et le ridicule, il n'existe parfois qu'une question de date et celui qui voudrait tirer des déductions d'un fait contemporain en le jugeant avec l'esprit de jadis, n'arriverait jamais à créer une certitude d'appréciation.

Pour raisonner sainement, il est nécessaire de situer les phases de l'analyse dans leur milieu véritable et d'amener dans l'esprit une comparaison avec les tendances présentes.

Il y a bien des sortes d'opportunité.

On pourrait en désigner trois principales :

L'opportunité du temps ;

Celle du lieu ;

L'opportunité de la manière d'être.

L'opportunité du moment, consiste dans la comparaison des aspirations et des exigences présentes, avec celles qui font l'objet de l'argumentation.

Elle correspond aux besoins de l'époque et dédaigne les idées qui n'ont plus cours.

C'est le secret de bien des réussites, qui ne se sont produites que par la raison de l'opportunité du procédé qui en a fait l'objet.

La lueur d'une allumette brillant dans la nuit noire, sera appréciée mille fois plus que l'adjonction de vingt foyers lumineux dans une salle qui en contient déjà un certain nombre.

Il est donc important de faire entrer dans le raisonnement touchant les choses de la vie pratique, l'opportunité comme un des principaux éléments de succès.

La rapidité du discernement fait encore partie de l'opportunité car il est nécessaire de raisonner, non seulement d'après les aspirations de l'époque, mais encore — et surtout — d'après les besoins du moment.

De la célérité de la décision peut dépendre son opportunité, et pour mille motifs qu'il serait trop long d'énumérer ici, une résolution trop tardive pourrait n'avoir plus de raison d'être, au moment où l'on voudrait passer à l'exécution.

On doit encore compter avec l'évolution marquant toutes les étapes du progrès et non seulement prévoir les besoins, mais encore pressentir le succès, afin de profiter de l'engouement qui, le plus souvent, s'apaise avec la même promptitude qu'il s'est manifesté.

Celui qui veut réussir, doit faire, dans son raisonnement, la part de l'actualité, comme il admet celle de la sagesse.

Agir autrement serait se singulariser et s'aliéner des sympathies. Plus tard, lorsque des réalisations successives auront marqué sa carrière, il aura le droit de raisonner par l'autorité de sa propre expérience et de faire fi des opinions présentes pour imposer la sienne, même lorsqu'elle serait légèrement rétrograde.

Mais tant qu'il n'a pas été distingué par le succès, il doit, non seulement être « de son temps », mais s'efforcer à le devancer.

Nous connaissons tous des hommes célèbres qui, soit par mépris des marques extérieures, soit par fidélité aux usages de leur jeunesse, ont conservé la coupe d'habit et la forme de coiffure qu'ils arboraient quarante ans auparavant.

Personne ne songe à les en blâmer ; tout au plus se permet-on d'en sourire avec indulgence, en ajoutant qu'à un tel homme tout est permis.

Mais si le jeune homme qui aborde l'avenir se présentait sous un costume qui ne fût pas celui du jour, on concevrait de lui une opinion fâcheuse, car on ne manquerait pas d'attribuer ce travestissement au désir de se faire remarquer autrement que par ses qualités ou ses capacités, à moins que l'on ne conclue à un parti pris de mauvais goût, dont la constatation lui serait assurément préjudiciable.

L'opportunité du lieu doit également tenir une place importante dans l'opération du raisonnement.

Qui n'a été obsédé par un fâcheux, qui, au milieu d'une réunion sérieuse, nous fait manquer d'intéressantes causeries pour nous entretenir de faits indifférents dans l'angle de la salle où il nous retient prisonnier ?

Dans tout autre lieu, nous aurions pu lui témoigner de l'indulgence et même un certain intérêt, mais l'inopportunité de son intervention nous rend sévères et parfois injustes envers lui.

Parmi tous ceux qui se plaignent de n'avoir point obtenu de faveurs, il en est un grand nombre qui n'ont de reproches à adresser qu'à eux-mêmes, car leur insuccès vient surtout du manque d'opportunité dans le choix du lieu où leur demande a été transmise.

Si un homme puissant a, tout le long du jour, donné

audience à des solliciteurs, si, le reste du temps, il a expédié d'importantes affaires, il est mal disposé contre celui qui, au moment où il se réfugie dans le calme, vient le troubler du récit de ses revendications.

La question d'ambiance est encore primordiale, en ce qui concerne l'opportunité du lieu.

Il est des atmosphères qui créent des états d'esprit spéciaux. Il serait donc profondément maladroit de troubler cette harmonie en cherchant à y introduire un élément dont la qualité se trouverait en désaccord complet avec la pente des sentiments ambiants.

Ce point sera toujours examiné soigneusement par celui qui tient à établir un raisonnement solide.

Quoi qu'en puissent penser les intransigeants, si la raison reste immuable par elle-même, elle adopte cependant, suivant le jour, l'heure, le lieu où elle apparaît des nuances qui en modifient l'aspect.

Les maladroits seulement se refusent à tenir compte des jeux d'ombre ou de lumière que projettent sur le motif les différentes manières dont il se présente.

Ils sont semblables à des peintres qui, voulant reproduire une maison blanche, maintiendraient sa couleur exacte à tous les moments de la journée.

Il est cependant certain qu'éclairée par le soleil de midi sa blancheur sera plus intense, tandis que caressée par les rayons du couchant elle se teintera de rose.

Le crépuscule l'engrisaillera et la nuit laissera à peine deviner sa forme.

Pourtant la maison est blanche; elle n'est ni rose, ni grise, ni brune.

Nous ne l'ignorons pas, et pourtant nous serions tous prêts à taxer d'inexactitude l'artiste qui, à tous les moments, et sous la pluie comme sous le soleil, reproduirait cette maison dans la même note blanche, sous prétexte de ne point altérer la vérité.

C'est en raisonnant d'une façon inflexible que l'on en vient parfois à entrer dans l'erreur, tout en voulant la fuir, sans tenir compte des contingences qui modifient les états du motif.

La manière d'être ne doit pas être négligée dans la recherche de l'opportunité, qui est le phare de tout raisonnement.

Tout en restant l'immuable maison blanche, le motif peut adopter des reflets dont l'intensité fait penser à un changement de couleur, par suite des apparences modifiant sa manière d'être.

La vérité n'est pas la même dans toutes les situations et le pareil mode de raisonnement ne peut être accepté indistinctement par tous.

Un homme qui serait propriétaire d'un diamant de grand prix se trouverait riche à la ville ; mais dans la traversée du désert, s'il ne possède que ce bijoux magnifique, le dernier des chameliers, disposant de quelques outres d'eau claire, se trouvera plus fortuné que lui.

Le raisonnement, pour être marqué de fermeté et de justice, doit donc avant tout s'inspirer de la réciprocité des situations et de la manière d'être du motif principal, par rapport à celui qui l'analyse.

Le grand tort de ceux qui débutent dans une carrière est de ne point assez peser la part du rapport des choses, en ce qui concerne la façon d'être de celui qui les examine.

Tout raisonnement, si parfait soit-il en théorie, peut devenir douteux et même erroné dans la pratique, si celui qui l'émet se trouve, par sa situation ou sa façon d'être, en désaccord avec les idées reçues.

Celui qui veut réussir doit raisonner, non seulement d'après la logique pure, mais d'après celle du moment et avant de s'arrêter à une décision, il prendra conseil des circonstances, du temps, du lieu, de la situation et de la manière d'être, par rapport aux contingences qui dirigent sa vie.

Il est des choses qui, dans les circonstances ordinaires, paraissent négligeables au plus haut point et qui, sous l'influence de certains événements, sont de nature à prendre de gigantesques proportions.

Quelle chose est plus infime qu'un clou ?

Il n'en faut pas davantage pour changer le sort d'un peuple.

On trouve dans l'histoire orientale, le récit suivant :

Le chef d'une tribu puissante venait d'entrer en lutte avec la tribu voisine, fort inférieure en nombre ; l'issue des hostilités ne pouvait être douteuse et par une savante manœuvre, le vainqueur feignant une retraite, attirait ses adversaires dans un piège, dont aucun ne devait sortir.

Dans sa course rapide, le cheval du chef perdit un des clous qui retenaient à ses sabots ses fers d'argent ; le fer se détacha ; le cheval, mal protégé, fut blessé par un caillou tranchant ; la marche du chef se trouvant ainsi entravée, celle de ses troupes devint moins accélérée ; l'ennemi remarqua le désarroi, s'approcha en se dissimulant derrière des accidents de terrain et, au moment où le cheval du chef s'abattait, fondit sur lui. Le combat changea de face et le fier vainqueur de tout à l'heure dut capituler dans des conditions humiliantes.

Celui qui veut réussir et ceux qui réussissent ne négligent jamais les petits détails.

L'histoire du clou perdu se reproduit à tous les moments de la vie et l'homme adroit est celui qui apprécie la valeur de tous les motifs, quelle que soit la qualité de leur apparence.

CHAPITRE IX

Les apparences

« La bonne tenue, dit J.-B. Withson [1], est une charité pour les autres, en même temps qu'une satisfaction personnelle.

« C'est manquer d'égards envers son prochain que de lui donner le spectacle d'une personne dont l'extérieur laisse à désirer sous le rapport des soins et de la netteté.

« Un extérieur agréable est, dans les affaires, la condition première de réussite. »

On pourrait ajouter à ces conseils très judicieux que, non seulement dans les affaires, mais dans toutes les circonstances de la vie, les apparences jouent un rôle prépondérant dans les réalisations heureuses.

Une physionomie agréable, une bonne tenue, des manières affables attireront plus vite la sympathie qu'un extérieur négligé et une figure rébarbative.

Il n'est pas donné à tout homme d'être beau et élégant, mais il en est très peu qui soient disgraciés au point de ne pouvoir, avec un peu d'application, corriger les défauts de la nature et se composer une physionomie inspirant l'intérêt.

1. *Comment fait-on fortune.* Éditions Nilsson.

La propreté méticuleuse est à la portée de tout le mond
et il n'est aucune situation, si humble soit-elle, qui puis
excuser la négligence de la personne ou des vêtemen

Pour celui qui veut réussir, s'il s'adresse à des ge
intelligents, l'usure des vêtements n'est point une hont
si toutefois on sait que cette vétusté ne peut être attribu
ni à l'avarice ni au manque de soin.

On peut se présenter avec un habit usé, mais on n'a p
le droit de se montrer dépenaillé.

Hâtons-nous de dire cependant que le délabrement e
cessif de la toilette est toujours un obstacle auquel il e
préférable de ne pas se laisser acculer.

Le souci principal de celui qui tient à réussir doit do
se porter sur l'extérieur, c'est-à-dire sur les moyens de
présenter vêtu d'une façon convenable.

Ceux qui disposent des emplois ou de l'avenir des je
nes gens ne sont pas toujours maîtres de leur impressi
première et, auraient-ils l'esprit assez libre de préjug
pour la dompter, qu'ils devraient encore compter av
l'opinion de ceux qui les entourent et ne partagent p
toujours leur indépendance d'esprit. Il peut donc arriv
que des gens qui, n'écoutant que leur sentiment perso
nel auraient pu passer outre, soient arrêtés par l'id
de la gêne qu'ils éprouveraient à patroner un candid
manquant totalement de prestige.

On objectera peut-être aussi qu'un physique aimal
est un don que tout le monde ne possède pas et qu'il
des laideurs sans remède.

Ceux qui sont porteurs de visages disgracieux doive
ils donc renoncer à toute réussite ?

D'abord il n'est pas exact de penser que la laideur ne peut être atténuée.

La singularité des traits peut toujours être compensée par l'affabilité du sourire et la vivacité de la physionomie.

On voit tous les jours des gens indubitablement laids attirer les sympathies par la grâce de leurs manières et la distinction de leur attitude.

Il en est même — ce sont des gens d'esprit — qui donnent une saveur particulière à leur laideur en insistant sur un détail pittoresque.

Cependant, cette recherche de l'originalité doit s'exercer avec une grande prudence, car l'excentricité est l'écueil sur lequel se heurtent beaucoup d'intelligences qui ne trouvent pas l'occasion de se dévoiler comme elles pourraient le faire, car la bizarrerie outrée prévient mal en faveur de celui qui la cultive.

Nous devrions à peine avoir le besoin d'effleurer le chapitre des soins personnels, pourtant il a une grande importance dans l'apparence générale.

Des cheveux en broussailles, des ongles en deuil, du linge douteux suffiront à donner au négligent un aspect qui éloignera de lui les bonnes volontés.

On hésite parfois à serrer une main dont la netteté laisse à désirer, et il peut arriver qu'on évite la présence de celui qui impose ce contact désagréable.

Celui qui veut réussir devra compter le soin de sa personne et celui de son extérieur au nombre des obligations primordiales.

Il n'est besoin d'aucune fortune pour entretenir la netteté du corps et des habits.

Se raser tous les matins, maintenir ses mains et son visage purs de toutes souillures, les effacer, s'il s'en produit, veiller à la propreté méticuleuse des habits, tous ces légers soucis doivent prendre dans la vie du candidat à la réussite, une place qui prime toutes leurs autres préoccupations.

Du reste, cette habitude, si elle n'est pas prise dès l'enfance, deviendra vite si nécessaire que l'on accomplira tous les rites de la propreté sans s'en douter, comme on respire, si l'on veut bien s'y appliquer pendant quelques semaines consécutives.

Au nombre des qualités faisant partie de l'apparence, il faut compter l'aisance du maintien.

La gaucherie est toujours fâcheuse et peut produire une impression désobligeante.

Il est donc bon de se prémunir contre ce défaut, qui est souvent l'indice d'une vanité puérile ou d'un manque de décision, pouvant influencer l'interlocuteur d'une façon désobligeante.

On devra cependant éviter de tomber dans l'excès contraire, car si l'aspect d'un homme embarrassé est peu flatteur, celui d'un effronté est parfaitement désagréable.

Celui qui paraît trop sûr de lui ou qui se targue d'une confiance exagérée en ses propres mérites conquerra difficilement la bienveillance qu'il désire s'attirer.

Le même excès est à redouter dans le choix de la mise.

Si, comme nous venons de le voir, une toilette négligée prévient mal en faveur de celui qui la porte, car ce détail fait penser à des défauts de nonchalance susceptibles de s'étendre sur tous les actes de la vie, le manque de simplicité impressionnera fâcheusement aussi.

Une mise trop recherchée est généralement l'indice d'une frivolité d'esprit s'accordant mal avec le sérieux des affaires et la sérénité du raisonnement.

Cela suppose encore une perte de temps considérable et des habitudes efféminées, qui ne doivent point faire partie du bagage de tout candidat à la réussite.

Mais là ne se borne pas l'étude des apparences.

Ouvrons d'abord une parenthèse pour expliquer qu'en aucun cas, il ne faudrait accorder à ce mot le sens artificiel que quelques-uns pourraient lui donner.

On entend souvent par le mot apparence l'aspect extérieur que l'on veut faire adopter à une chose non-existante.

C'est ainsi qu'on dira :

« Ce diamant faux a toutes les apparences du vrai. »

Dans la question qui nous préoccupe, toute idée de tromperie, toute pensée de bluff doivent être écartées.

Les apparences qu'il s'agit de montrer seront le reflet fidèle de la mentalité.

Pour renforcer la véracité de ce principe, il sera nécessaire de s'appliquer à s'exprimer clairement et le plus élégamment possible.

Rien n'est plus pénible que la conversation avec un homme dont les pensées sont traduites d'une façon confuse, ou dénaturées par la manière dont elles sont exposées.

Aucune chose ne peut être plus préjudiciable à la réussite que la difficulté de l'élocution.

Elle dessert la pensée et la rend inintelligible, ou la ma
que si bien qu'on la devine à peine.

Certains hommes, conscients de leur manque d'élo
quence, se sentent pris d'une appréhension insurmontabl
à l'idée de devoir extérioriser leurs pensées et ils se ren
ferment dans un mutisme qui laisse douter de leur inte
ligence, ou se contentent d'exclamations approbative
dont la niaiserie apparente pourrait faire croire au vide d
leur cerveau.

Tous ceux-là sont dans un état d'infériorité éviden
car bien loin de donner raison au proverbe qui dit qu
« tout ce qui brille n'est pas or », ils prouvent qu'il exist
parfois de l'or si terne, que personne ne songe à l
recueillir.

Là encore il est bon de se garder de l'excès, car l'abu
des phrases fait fuir la société des gens trop diserts.

Une vertu faisant partie de l'ensemble des apparence
est l'affabilité.

Là encore il y a une nuance très délicate à observer.

En aucun cas elle ne doit devenir de la familiarité.

L'affabilité doit être l'apparence d'une bienveillanc
réelle.

C'est la forme sous laquelle on condensera le désir d
plaire, celui de l'indulgence et la recherche d'une sympa
thie réciproque.

Tout ceci doit être indiqué par des touches très fines
car il ne faut pas oublier que l'hypocrisie courante rev
souvent ces formes en les accentuant.

L'affabilité, lorsqu'elle s'adresse à un inférieur ou à u
égal, prend le nom d'urbanité.

Elle est faite de douceur, de condescendance et de désir d'harmonie.

Lorsque ces deux qualités se trouvent réunies dans la même personne, elles composent un ensemble parfaitement sympathique.

La différence, entre l'affabilité et l'urbanité est peu sensible ; cependant elle existe.

La première est un témoignage verbal que l'attitude confirme.

La seconde implique une façon d'être déterminant des actes, dont la qualité se rapporte à l'esprit qui les a suggérés.

L'affabilité se montre surtout dans l'accueil ; elle est souvent machinale et ne perd jamais ses droits, même dans les moments de dépit ou de sérénité.

L'urbanité est toujours raisonnée et basée sur un besoin de sympathie qui pousse à l'éveiller dans l'âme des autres, par la complaisance et l'affectation à éviter de déplaire.

Mais celui qui tient à cultiver les apparences ne devra point manquer, s'il veut accomplir un travail efficace en vue de la réussite, d'accorder la vérité avec l'aspect qu'il lui donne.

Celui qui ne s'occupe que des apparences en négligeant la réalité qu'elles revêtent est peu qualifié pour réussir.

« Les yeux des autres sont encore ce qui coûte de plus cher à l'homme », a dit Franklin.

Cette sage maxime nous enseigne à nous conformer aux apparences au lieu d'y sacrifier la vérité.

Ceux qui ne vivent que pour les yeux des autres, ne profitent guère de l'existence pour eux-mêmes.

Ils sont les esclaves des apparences et le désir de briller l'emporte sur la préoccupation d'y parvenir par des moyens certains et dignes d'éloges.

La punition ne se fait généralement pas attendre ; ils sont semblables à ces constructions légères sur lesquelles on a prodigué les ornements, sans se soucier de la solidité des fondations ; le moindre souffle les ébranle et elles ne résistent pas à l'orage qui les anéantit.

Ceux qui se sont attachés simplement à prendre l'apparence des qualités qu'ils ne possèdent pas, sont incapables de faire tête à l'adversité lorsqu'elle s'abat sur eux, et ils trouvent difficilement des protections, car la fausseté de leur attitude dispose mal envers eux.

Le monde excuse plus facilement une faute avouée qu'il ne pardonne l'absence d'une vertu que l'on avait feint d'avoir, car on ne doit jamais oublier que la déception est une atteinte à cette vanité, dont celui qui veut réussir doit se garder en ce qui le concerne, tout en n'oubliant pas qu'elle gît à l'état latent dans le cœur de bien des hommes.

CHAPITRE X

Unité de direction

Le principal mérite de l'unité de direction est d'éviter la dispersion des pensées, dont la profusion mal ordonnée ne manquerait pas de compromettre toute réussite.

Bien des causes sont de nature à amener la dispersion des pensées.

Parmi les principales on peut compter :

La paresse d'esprit ;

L'hésitation ;

La propension aux illusions.

L'inaction morale n'est pas toujours l'élément principal de la paresse de l'esprit.

Ce dernier défaut engendre au contraire la profusion des images qui passent et disparaissent, se confondant et se formant des débris des anciennes, comme les nuages qui se mêlent, s'étendent et se diluent avant que l'on ait pu fixer leurs contours précis.

C'est au moment ou l'agglomération des nuées va faire apparaître le dessin pressenti, qu'il se modifie pour prendre un autre aspect dont l'apparence change alors que l'on est sur le point de la définir, pour en adopter une aussi fugitive et mal déterminée.

Les pensées qui n'obéissent pas au régulateur Raison

prennent rarement plus de consistance et se montrent sous des aspects aussi divers.

Dans l'esprit paresseux, la perception étant très atténuée, la représentation est toujours assez floue pour se fondre facilement avec celle qu'elle engendre.

Cet état donne lieu à la production d'une suite d'images, toutes dépendantes les unes des autres, mais évanouies avant d'avoir pris corps.

L'association des idées, mal refrénées par la nonchalance morale, les enchaîne au hasard, suivant le caprice d'une imagination, trop peu active pour les discipliner et d'une volonté trop débile pour les fixer.

Faut-il s'étonner que des méditations aussi incomplètes ne puissent entraîner que des décisions vacillantes ?

L'hésitation est toujours la conséquence de la paresse d'esprit, car les résolutions prises sous l'influence d'une méditation aussi incohérente, restent vagues et chancelantes, telles que les raisons sur lesquelles elles sont établies.

Les pensées confuses ne sont pas de nature à former des déterminations définitives.

A peine celui qui ne sait point maintenir l'unité de direction de ses pensées s'aperçoit-il qu'il s'est engagé à la légère, qu'il a hâte de revenir sur ses pas pour prendre une voie différente qu'il choisit aussi légèrement que l'autre.

Mais au moment d'effectuer le premier acte de cette résolution, il hésite, effrayé des difficultés qu'il n'a pas prévues.

S'il adopte un troisième plan, dans les mêmes conditions, il pourra se trouver devant des impossibilités qui le décourageront, pour tout de bon cette fois.

Alors, excédé, il en vient à une décision bâtarde, dont l'accomplissement intégral ne peut être espéré, et, découragé par cette conviction, il entre rapidement dans la phase de l'écœurement.

C'est alors qu'il profère la plainte trop connue :

« Rien ne me réussit. »

On pourrait lui répliquer que c'est lui qui ne réussit rien, car la dispersion de la direction est le facteur le plus diligent du désordre et de l'échec.

Il est rare que l'éparpillement des pensées ne donne point naissance à la rêverie, mère de l'illusion.

Cette propension au demi-sommeil de l'esprit, est d'autant plus funeste aux projets sérieux, que la raison est rarement conviée à ces débauches de l'imagination.

Ceux qui s'y adonnent aiment à parer leurs illusions des vêtements de l'espoir.

Ils sont presque toujours sincères ; en tous cas, s'ils ne l'ont pas été dès le début, ils le deviennent facilement, car leur apathie s'accommode de ce mensonge, qui leur permet l'inertie de l'attente.

Cependant il ne faut pas s'y tromper ; entre l'espoir et l'illusion, il y a un abîme duquel surgit à un moment donné le cortège des douleurs, des découragements et des désespérances, qui représentent la faillite d'un désir longtemps caressé.

Il est doux, en vérité, de concevoir une solution conforme à ce que l'on espère ; mais il est plus doux encore de jouir du triomphe de la raison qui l'a préparée par de sages méditations, génératrices de résolutions fermes et logiques.

L'aspirant à la réussite devra se pénétrer de cette vérité :

L'espoir n'est point la chimère.

Le premier est établi sur les bases solides du raisonnement qui maintiennent son équilibre et permettent d'échafauder l'ébauche de l'édifice que l'on veut définitivement bâtir.

La seconde est une oiselle qui s'envole aussitôt qu'on pense l'atteindre.

C'est en vain qu'elle s'offre à la main qui veut la saisir. Dès qu'on l'approche elle prend son essor et disparaît dans l'azur, d'où les rêves l'avaient fait descendre.

L'homme qui veut réussir a mieux à faire que de s'attarder à cette chasse idéale.

Il en reviendrait déçu et las, avec le sentiment cuisant de la peine inutile et du temps irrémédiablement perdu.

Dans le faisceau des conditions formant l'unité de direction, la science du temps peut être considérée comme le commencement de la sagesse.

C'est une force dont très peu de gens savent apprécier la puissance.

Le temps est à la fois un bienfaiteur et un destructeur.

C'est lui qui, au cours des années, produit et détruit, façonne et modifie.

C'est le temps qui permet d'accomplir une œuvre ; c'est lui aussi qui l'efface et la disperse.

Son immobilité n'est pas toujours perceptible au même point, car les minutes de souffrances semblent moins courtes que les heures de joie.

Les heureux du moment lui trouvent des ailes.

Les affligés se plaignent de sa lenteur.

Qui n'a, parfois en sa vie, émis le vœu d'arrêter son cours et qui encore n'a désiré hâter sa marche, suivant la pente des espoirs ou des craintes que renferme l'avenir !

Les candidats à la réussite, ceux qui connaissent l'importance de l'unité de direction, ne s'embarrassent point de ces inutiles vœux.

Ils connaissent la valeur du temps qui leur permet de réfléchir, de mettre au point la tâche qu'ils ont entreprise.

Ils savent que c'est grâce à l'emploi judicieux du temps qu'ils pourront seulement méditer avec fruit, en libérant leurs pensées de tout ce qui vient entraver la réflexion fructueuse.

Ils n'ignorent point que le temps est l'étoffe dont la vie est faite, et que lui seu laisse le loisir d'en broder la trame en la couvrant des fleurs magnifiques des réalisations.

Ils savent encore que les heures ne périssent point lorsqu'elles sont représentées par une œuvre.

N'avons-nous pas de nombreux exemples de savants qui ont accompli des travaux remarquables en utilisant les minutes que l'on déclare « perdues », c'est-à-dire vouées à une inaction que l'on croit forcée ?

« Le temps est de l'argent », dit un proverbe anglais ; c'est bien mieux que cela : c'est l'indépendance.

Celui qui sait employer le temps enchaînera la réussite et conquerra en même temps la liberté sociale, fruit du travail et des beaux achèvements.

La notion exacte de la valeur du temps peut encore

aider à la pratique de l'unité de direction en permettant l'exercice d'une vertu que l'on pourrait regarder comme secondaire et qui, cependant, tient une énorme place dans la rapidité de la réussite.

Nous voulons parler de la ponctualité.

« Il est, dit un proverbe familier, des gens qui sont nés un quart d'heure trop tard et n'ont jamais pu le rattraper. »

Cette façon bouffonne de s'exprimer désigne une certaine catégorie de gens qui, quoi qu'ils fassent, n'arrivent jamais à se trouver là où ils devraient être au moment où ils y sont attendus.

Pour ceux-là l'exactitude est un mot vide de sens.

On les compte rarement parmi ceux qui peuvent s'enorgueillir de fréquents succès, car leur insupportable défaut crée autour d'eux des mécontentements qui ne tardent pas à se muer en mauvaises volontés.

Le manque de ponctualité est plus qu'une faute, c'est une maladresse.

Il est certain que celui qui se fait attendre soulève des impatiences dont il est le premier à souffrir.

Les premières minutes de l'accueil que l'on fait à un retardataire sont toujours marquées par des reproches plus ou moins vifs, suivant le rang de celui qui les adresse par rapport à la situation de celui qui les subit.

Ce dernier se trouve donc dès le début de l'entretien dans un état d'infériorité sensible, puisqu'il s'agit pour lui de reconquérir les bonnes grâces de son interlocuteur.

Les candidats au succès qui ne voudraient point se pénétrer de l'importance de la ponctualité se prépareraient à bien des déceptions, annonciatrices d'échecs certains.

L'unité de direction ne s'accommode point de l'inexactitude, car aucun projet ne peut recevoir d'exécution s'il n'est point examiné à son heure.

Un désordre certain résulte toujours du bouleversement apporté dans le plan de la journée dont toutes les occupations, au lieu de se situer comme elles devraient le faire, se chevauchent les unes les autres, et, s'il est des choses qui peuvent à la rigueur subir un retard, il en est d'autres qui ne l'admettent pas.

L'homme inexact se trouve donc toujours, à un certain moment de la journée, dans la nécessité de sacrifier complètement une besogne ou de l'écourter, à moins qu'il ne soit forcé de l'accomplir en même temps qu'il en ébauche une autre, et, dans ce cas, on peut être assuré que toutes deux re' 'eront inachevées ou imparfaites.

L'habitude de l'inexactitude peut être attribuée à des causes diverses dont la principale est le manque d'unité dans la direction des idées et des actes.

Celui qui est pénétré de la valeur que prend la fixité de la direction par rapport à la réussite organisera sa journée de façon à pouvoir remplir toutes les obligations qui lui sont imposées.

C'est en s'attachant à la réalisation *unique* de chaque but successif, si infime soit-il, qu'il parviendra seulement à accomplir chacune des tâches dont la multiplicité devra, malgré sa diversion apparente, adopter une direction *unique*, qui permettra d'aiguiller tout acte vers la préoccupation du succès, sous la forme qu'on désire lui voir adopter.

CHAPITRE XI

Emploi judicieux des aptitudes

Tout le monde a « son violon d'Ingres », dit-on volontiers, en faisant allusion au plus cher passe-temps du grand peintre, qui se trouvait particulièrement flatté d'être loué, non pas comme un des maîtres du pinceau, mais comme un virtuose du violon.

Il est vrai que ceux qui s'en tiennent à l'exercice de la profession à laquelle ils se sont voués sont rares.

On rencontre constamment des gens dont l'idéal consiste à atteindre une perfection que leurs aptitudes particulières leur rendent inaccessible.

Pour certains d'entre eux, il ne s'agit même pas d'un choix mal raisonné, mais d'une véritable impossibilité, qu'ils ne veulent pas admettre et semblent regarder comme non avenue.

On a vu des bègues faire des conférences, sans paraître s'apercevoir du malaise de leur auditoire et sans avoir l'air d'en éprouver aucun pour leur compte.

Dans le nombre de ceux qui se destinent aux carrières de la parole ou de la diction, on compte tous les ans un certain nombre de candidats affligés de défauts de prononciation, qui, pour ceux qui jugent sainement, seraient un obstacle contre lequel ils refuseraient de se heurter.

Quelques-uns de ceux-là sont des énergiques, qui,

comme autrefois Démosthènes, entament une lutte acharnée contre leurs défauts naturels et parviennent, à force d'application, à les vaincre totalement.

Mais une pareille énergie est l'apanage d'une seule élite et la plupart de ceux qui sont affligés de tares, les conservent sans les atténuer d'une façon sensible.

Il en est qui témoignent, à l'égard de leurs imperfections, une si belle indifférence, qu'on serait tenté de les croire doués d'un aveuglement aussi spécial qu'incompréhensible.

Ils ne sont pas souvent, du reste, appelés à prendre rang parmi les élus de la réussite, car les résultats qu'ils produisent sont toujours entachés d'imperfection.

Ils ont en outre à subir une lutte qu'ignoreront toujours ceux qui, dans le choix de leur mission, ont su faire entrer en ligne de compte leurs aptitudes personnelles, afin de se laisser guider par elles et non par la fantaisie d'un désir déraisonnable.

Pour ces derniers tout devient plus facile, car ils n'ont pas à se préoccuper du temps perdu dans une étude supplémentaire.

Il n'en est point ainsi des premiers, qui, sur les difficultés inhérentes à tous les débuts, greffent, sans utilité, un travail spécial, dont les résultats doivent être acquis. avant de songer à rien entreprendre de ce qu'ils rêvent.

Nous avons parlé tout à l'heure de ceux qui, affligés d'un défaut accentué de prononciation, se dévouent à une carrière dont le succès repose uniquement sur la perfection plus ou moins grande de la parole ; se représente-t-on les impossibilités qu'ils créent autour d'eux ?

Alors que leurs collègues mieux doués ont à peine assez de leur journée pour suffire au labeur quotidien, ils devront s'imposer une étude supplémentaire qui, de toutes façons, ne peut être que nuisible à leur carrière, car ils se trouvent enfermés dans un dilemme :

Ou ils donnent à la correction de leur défaut un temps qu'ils dérobent à leurs études ou à leurs affaires et ils ne peuvent prétendre à une conclusion aussi rapide ni aussi parfaite que les collègues qui y consacrent la totalité de leur temps ;

Ou ils fournissent la même somme de travail et prennent les heures de leur étude spéciale sur le temps de leur repos.

Dans ce dernier cas, ils ne tarderont pas à ressentir une fatigue d'esprit qui les empêchera de développer les qualités de vivacité de compréhension et d'activité cérébrale dont ils ont à faire preuve pour réussir.

Quoi qu'il en soit, ils se trouveront donc dans un état d'infériorité flagrant.

Il ne faudrait cependant pas conclure de ce raisonnement, qu'il est blâmable de chercher à corriger ses imperfections naturelles.

Ceux qui penseraient ainsi nous auraient assurément mal compris.

Il est indispensable, au contraire, de chercher à atténuer et même à faire disparaître les défauts dont la nature constitue une tare physique, car tout ce qui peut être une cause de faiblesse ou d'infériorité doit être vigoureusement combattu.

Mais c'est folie de fonder des espoirs de réussite sur

une carrière dont la condition première repose sur la qualité qui nous est refusée.

Celui qui veut réussir, commencera donc par s'analyser sérieusement et *loyalement*.

On ne saurait assez insister sur la nécessité de l'examen *loyal*.

Par ce mot nous entendons une recherche scrupuleuse, dont la sévérité n'admettra aucune des complaisances que l'on est toujours tenté d'avoir pour ses propres imperfections.

C'est avec l'œil d'un ennemi qu'il faut les guetter en soi, afin de les découvrir sûrement et de les traîner au grand jour de la conscience, pour les juger sans indulgence.

C'est seulement après ce minutieux et sincère examen que l'on pourra raisonner sainement des aptitudes que l'on a les chances de développer, en suivant la pente des possibilités physiques et des penchants intellectuels.

Bien des choses encore sont à considérer en cette matière.

Il peut se faire aussi que des aptitudes très marquées ne soient jamais appelées à jouer dans la vie le rôle prépondérant qu'elles auraient dû adopter.

Certaines situations interdisent tel ou tel choix.

Il s'agit parfois de convenances sociales.

D'autres fois on se heurte à un désir contraire, venant de la part d'une personne dont l'influence peut être toute puissante sur la réussite.

L'état de santé n'est pas indifférent non plus à cette sélection.

Les nécessités de la vie quotidienne, enfin, sont des facteurs dont il est difficile d'oublier l'importance, car à ceux qui les négligent, elles ne manquent pas de se rappeler cruellement.

Afin de ne point avoir à rétrograder, et pour éviter un combat stérile contre des aptitudes ou des influences contraires, celui qui veut réussir évitera soigneusement les entreprises que ses défauts naturels lui interdisent de mener à bien.

Il étudiera minutieusement ses penchants, en rapport avec la raison dont il écoutera les conseils.

Suivant le degré où il se trouve placé sur l'échelle sociale, il acceptera ou repoussera les projets qui lui paraissent s'accorder le mieux avec ses tendances ou les probabilités découlant des contingences.

Il se gardera de heurter les convictions de ceux dont son avenir dépend, il fera une large part aux convenances sociales, tout en évitant d'y subordonner les motifs certains de réussite, qui militent en faveur d'une résistance.

Sur ce point une grande subtilité d'esprit est parfois nécessaire, car il serait fâcheux de confondre des règles immuables avec les préjugés qui voudraient les supplanter.

Les conventions sociales varient suivant les milieux et suivant l'éducation.

Il est des familles où l'on admettra facilement une ligne de conduite que d'autres réprouveraient sans merci.

C'est le fait de l'homme intelligent, de faire la part des préjugés méprisables et celles des conventions qu'il est bon d'observer.

Cependant il ne perdra jamais de vue le principe de la dignité du travail.

Il est encore certaines gens, en proie à des opinions aussi désuètes qu'enracinées, qui regardent le travail comme une occupation indigne de leurs descendants et acceptent volontiers de les voir s'enliser dans une oisiveté qu'ils qualifient de « distinguée ».

Ceux-là sont les véritables ennemis de leur race et l'homme qui veut réussir ne devra avoir aucun scrupule de désobéir à des ascendants, imbus de principes aussi rétrogrades.

Le travail est la noblesse de l'homme, car, celui-ci, pour avoir une raison de vivre, doit avoir une utilité sur la terre.

Les paresseux, à quelque rang qu'ils appartiennent, sont des êtres méprisables et mieux vaudrait cent fois qu'ils s'engageassent dans une lutte contre leurs aptitudes que de ne s'en reconnaître aucune, si ce n'est celle de la veulerie, génératrice d'instincts sans noblesse et destructrice de toute dignité sociale.

Celui qui veut réussir et qui saura faire entrer dans son héroïque bagage, la connaissance de soi-même et le discernement des possibilités morales et matérielles, pourra se présenter au combat pour la conquête du succès, nanti d'un faisceau de probabilités, que la cohésion transformera bientôt en belle et bonne certitude.

CHAPITRE XII

La Réussite et l'Occasion

•Combien de gens ont tenu cette dernière à portée de leur main sans avoir l'énergie de faire le geste, destiné à la retenir.

Il est aussi des myopes qui l'aperçoivent trop tard et qui la distinguent mal.

Il est des aveugles qui ne la voient jamais et nient son existence.

On doit encore parler des paresseux qui préfèrent constater son indifférence à leur égard que d'avouer leur manque de courage pour attirer son attention.

Il ne faut pas non plus oublier les maladroits qui s'y prennent si gauchement qu'elle glisse toujours entre leurs doigts.

Faudrait-il conclure de tout cela que l'occasion ne visite que très rarement les hommes ?

On s'éloignerait singulièrement de la vérité en prononçant cette sentence.

•L'occasion existe ; elle passe à chaque instant près de nous ; elle traverse notre vie, et, parfois, s'arrête complaisamment pour nous laisser le temps de l'entrevoir et de l'approcher.

• Mais les aveugles et les paresseux sont si nombreux

qu'ils la laissent aller et ne manquent pas de gémir ensuite sur la rareté de ses apparitions.

L'occasion est, comme on le voit, très facilement calomniée et il faut se méfier de la mentalité de ceux qui ne lui sont pas tendres ; ce sont presque toujours des incapables.

Celui qui tient à réussir ne s'embarrassera pas de ces dires.

• Il attendra l'occasion de pied ferme, sachant bien qu'elle se dévoile toujours devant ceux qui sont dignes de la reconnaître.

Mais, dira-t-on peut-être, à quels signes peut-on la différencier des événements sans importance ou des fausses occasions qui adoptent trop facilement ses apparences ?

•Pour être certain de ne point la laisser passer inaperçue, il est d'abord nécessaire de tenir les yeux ouverts, non pas les yeux du corps mais ceux de l'esprit, qui nous permettent de lire en nous et de reconnaître nos états affectifs et nos dispositions présentes.

Cette faculté de discernement est nécessaire, car entre chaque personne et l'occasion, il y a place pour la relativité.

Certaine occasion, qui sera pour les uns une véritable bonne fortune, sera justement dédaignée des autres, pour lesquels elle ne pourrait constituer qu'une aubaine inférieure et dédaignable.

• Pour saisir l'occasion, plusieurs conditions sont nécessaires :

•La clairvoyance et la connaissance des relativités ;

La confiance;

La patience;

L'attention.

Nous venons de dire combien la clairvoyance, en ce qui nous concerne, a de poids dans la découverte de l'occasion.

C'est la clairvoyance seulement qui nous permet d'en distinguer la qualité.

C'est la clairvoyance qui nous en fera deviner l'opporunité.

C'est la clairvoyance encore qui nous dévoilera la part de la relativité dans le rôle que nous sommes décidés à lui attribuer.

Il y a des occasions qui, désirables à un certain point de vue, deviennent dangereuses relativement à un ordre d'idées.

Il en est qui se présentent trop tôt, alors qu'il n'est pas encore en notre pouvoir de leur faire la place qu'elles mériteraient.

D'autres, au contraire, ne se montrent qu'au moment où leur utilité n'apparaît plus.

Vouloir les saisir et les asservir quand même serait faire preuve de grande maladresse.

Ce serait encore commettre une faute que chercher à précipiter leur venue, alors que les projets pouvant les seconder ne sont point encore à maturité.

La vertu de patience est indispensable au guetteur de l'occasion. Il l'étaiera du sûr appui de la confiance et attendra ainsi dans la sérénité de la certitude, un bonheur qui ne pourra manquer de lui échoir.

Les distraits sont rarement conviés à ce triomphe, car

ils ne savent point tirer des événements, la part des probabilités de réussite qu'ils contiennent.

Ils deviennent donc rarement les élus de la fortune lorsque celle-ci dépend d'une occasion, rapidement saisie et commentée au point de vue de la sagesse et de l'audace.

Mais il ne suffit pas de saisir l'occasion et toutes les théories que nous venons d'émettre ne serviraient de rien, si celui qui s'en est pénétré ne savait point profiter de l'événement heureux qui peut changer pour lui la face des choses.

Tout n'est pas fini lorsque l'occasion est captée.

Il s'agit de se livrer à un examen attentif de sa qualité d'abord et des aptitudes de celui qui désire se la rendre favorable.

On devra, lors de cet examen, rejeter toute propension à l'illusion, en même temps qu'on se garantira soigneusement du scepticisme.

C'est l'écueil auquel se heurtent beaucoup de gens, qui, désireux de passer pour des esprits forts, se refusent à voir la gravité de certaines conséquences.

Le scepticisme n'est pas, comme les gens mal avertis pourraient le croire, une supériorité de l'esprit.

C'est une preuve de fragilité d'âme et c'est une grave atteinte à la vertu de confiance, qui doit régir la conduite de ceux qui désirent réussir.

Par le mot confiance, nous sous-entendons la foi en soi-même, dont la vertu possède une puissance indéniable.

La confiance en soi-même évoque le sentiment de sa propre valeur, elle élève l'âme et la prépare aux luttes quotidiennes, qui parsèment la vie du candidat à la réussite.

Les ressorts de l'intelligence se détendent par le scepticisme, car le fait de douter de tout empêche l'élan vers l'effort.

L'esprit d'initiative s'atrophie dans cette atmosphère d'insécurité que crée autour de lui le sceptique, dont l'énergie disparaît devant la conviction du néant probable.

On perd le goût de s'appliquer à la résolution de problèmes précis, lorsque l'on ne peut écarter la conviction de l'inutilité des résultats.

Il est des cas où le scepticisme est néfaste, au même point que l'amour de la chimère.

Ces deux extrêmes dénotent toujours une débilité morale, dont il est nécessaire d'enrayer les progrès en ramenant les sensations au contrôle de la saine raison.

C'est par elle seulement que l'on parviendra à la conquête de la vérité, base de toute réussite.

C'est elle qui inspirera la science de la possibilité et celle du discernement ; c'est elle qui aidera à conquérir la vertu d'orgueil, sans laquelle les ambitions restent chancelantes.

C'est par la raison encore que s'établira la conquête de la vérité sur le mensonge, dans lequel tant de projets se drapent ; elle nous enseignera en même temps à distinguer la substance réelle des apparences fugitives.

Elle inspirera enfin, aux candidats à la réussite, les vertus qui leur permettront de prévoir les événements, de changer la pente des résolutions, d'éviter fièrement les compromissions et de mépriser le danger, en faisant appel aux principes directeurs destinés à régir les actes.

C'est la raison qui, en accélérant les impressions, supprimera les oscillations de la volonté, résultant d'une floraison d'états d'âme opposés et fixera l'évolution propice.

Et l'on verra ceux qui s'élancent vers les réalisations, munis de ce viatique, monter à l'assaut de la réussite avec cette confiance magnifique qui force les événements, dompte les circonstances, assure les beaux achèvements et jugule le succès.

TABLE DES MATIÈRES